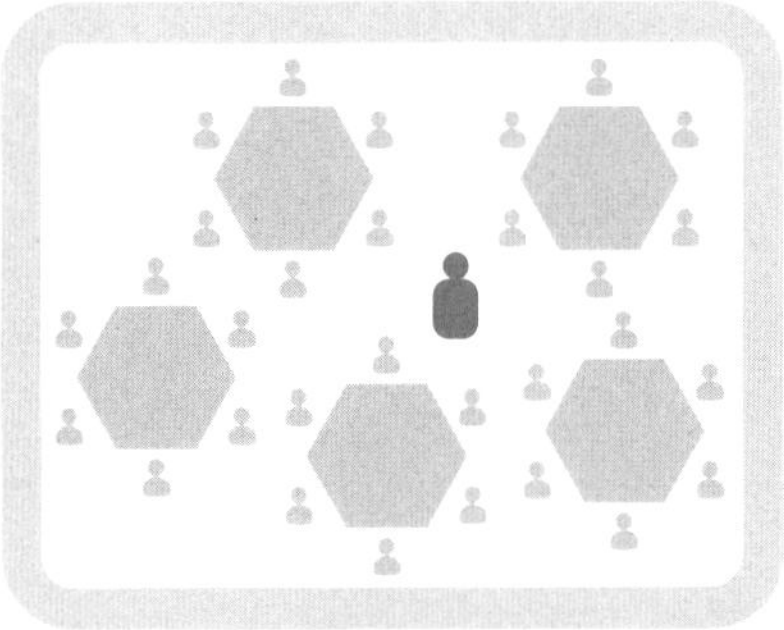

一斉授業をハックする

学校と社会をつなぐ「学習センター」を教室につくる

スター・サックシュタイン＋キャレン・ターウィリガー
古賀洋一・竜田徹・吉田新一郎 訳

HACKING LEARNING CENTERS in Grades 6–12

STARR SACKSTEIN, KAREN TERWILLIGE

新評論

訳者まえがき

目を閉じて想像してみてください。みなさんがこれまでに受けてきた授業、ドラマや映画で目にした授業はどのような風景ですか？　多くの人がイメージしたのは、おそらく次のような風景でしょう。

縦横に規則正しく並べられた机に生徒が座り、前を向いています。生徒の視線が集中するところに教師が立っています。何人かの生徒に発表させたり、解説や板書をしながら教師が授業を進めています。ほかの生徒の発言や板書の内容を、あなたは一生懸命ノートに写しています。

こうして見ると、あたかも授業がスムーズに進められているかのようです。表面上は確かにそうでしょう。でも、あなたの周りはどうですか？　授業についていけない生徒や、興味がもてない様子で突っ伏してしまっている生徒、飽き足らないのか退屈そうにしている生徒、クラスメイトとのおしゃべりや手紙回し（現在では、隠れてスマホでメッセージの交換）に夢中になっている生徒はいませんか？

こうした一斉授業（一つの目標に向けて一つの教材を用い、一つの活動計画に沿って進められる授業）には、いくつかの無視できない大きな問題があります。

まず、「何のために」、「何を」、「どれくらいの時間で」扱うのかについて、教師ないし教科書（の指導書）がすべてを決めてしまっています。そのため、それぞれの生徒が興味関心やレベル、学ぶスピードや学び方にあった教材や活動を「選択」することができません。

次に、一斉授業では教師主導となってしまうため、生徒自身が目標や計画を立てることがありません。自らが立てた目標や計画ではないため、やり抜く力（グリッド）や困難に対して粘り強く取り組む根気、リーダーシップなどを発揮し、協働して支えあうといった場面もありません[1]。

そもそも、受けたくもない授業において、このような能力が発揮されることはないでしょう。となると、一斉授業の問題は想像以上に大きいと言えそうです。生徒一人ひとりに適した教育を提供できないばかりか、実社会を生き抜くために必要とされる力を育てていないのです。

本書『一斉授業をハックする（原題：Hacking Learning Centers in Grade 6-12）』の著者であるスター・サックシュタインとキャレン・ターウィリガーが、一斉授業における問題点を端的に指摘しています。

— 教師が管理している教室だと一部の生徒が授業に参加しているわけですが、結局のところ、彼らは何に対してもうまくやれる生徒である可能性が高いのです。彼らがうまくやれるのは、あなたの手柄ではありません。では、そのような生徒だけでなく、すべての生徒に手を差し伸べるために、私たちは何を、どのように変えればいいのでしょうか？（一三～一四ページ）

生徒一人ひとりをいかした授業を実現するために本書で紹介されているのが、「学習センター」という教え方です。簡単に言えば、「教師の継続的な指示を必要とせず、生徒が自立的に学べる教材を用意したコーナーを教室内に複数設置した学び方・教え方」です。

訳者の一人（吉田）は、二〇〇〇年頃にオーストラリアの小学校を訪れた際、六年生の授業で学習センターが使われていた様子を確認しています。一時間の授業のなかに、読む、書く、算数、理科、コンピューターを学ぶコーナーが設けられており、並行する形で活動が進められていまし

（1）　グリッドや好奇心、マインドセットなどは「非認知能力」やＥＲ・ＳＱとも総称され、私たちが健康かつ幸福に生きていくうえにおいて欠かせない能力として大きな注目を集めています。訳者がおすすめするのは、『感情と社会性を育む学び（ＳＥＬ）』（マリリー・スプレンガー／大内朋子ほか訳、新評論、二〇二二年）、『成績だけが評価じゃない（仮題）』（スター・サックシュタイン／山本佐江ほか訳、新評論、近刊）、『すべての学びはＳＥＬ（仮題）』（ナンシー・フレイほか／山田洋平ほか訳、新評論、近刊）、『エンゲージ・ティーチング（仮題）』（ローラ・ウィーヴァーほか／内藤翠ほか訳、新評論、近刊）です。

た。それぞれのコーナーで生徒は熱心に取り組み、教師は各コーナーを回りながら、個別ないし各コーナーのメンバーにカンファランス（三五ページの注を参照）を行っていました。

このように、学習センターは英語圏やモンテッソーリ教育においてかなり歴史のある教え方なのです。ただし、本書を読めば分かるように、こうした教え方は幼稚園や小学校低学年が中心となっており、中学校から大学へと上昇するにつれて一斉授業が支配的になっていくという傾向があります。一斉授業からの脱却は、日本のみならず、世界共通の課題だと言えるでしょう。とはいえ、本書が出版されているという事実からも、一斉授業からの脱却が日本よりも早く、本格的に進められていることが分かります。

本書は、「まえがき」と「結論」を含む10章から構成されています。「ハック1」から「ハック3」では、学習センターのはじめ方や、生徒の「声」をいかした発展方法が扱われています。いってみれば、学習センターの基本をつかむための章です。「ハック4」から「ハック8」では、内向的な生徒がリーダーシップを発揮したり、生徒の自己評価能力を高めたり、実社会と結びついたプロジェクト学習に発展させるための方法が具体的に述べられています。学習センターがもつ大きな可能性を示してくれる章だと言えます。

訳者として注目していただきたいのは次の点です。

まず、センターの使い方にはさまざまなヴァリエーションがあるという事実です。コーナーごとに独立した目標と活動が並行し、それらをローテーションしながら複数の指導事項を達成していくパターンや、あるプロジェクトがいくつかの部分に分解されて各コーナーに割り当てられ、それらをローテーションしながら最終的な目標を達成していくパターン、身につけさせたい読み方が全体の目標としてあり、コーナーごとに異なる難易度やテーマの本が用意されるといったパターンなどです。

これらは、一般に「教科の壁が高い」と言われている中学校以上でも取り入れやすいものとなっています。

次に、学習センターは、「生徒主体」であっても決して「生徒任せ」ではないという点です。国や州が定める到達目標（スタンダード）を達成することは、世の東西を問わず、シビアに求められています。特徴的なのは、それらの到達目標が生徒と積極的に共有されている点です。求められる到達目標を生徒自身が理解し、そのうえで興味関心や学び方に応じた学習を進めていこう、というのが学習センターの考え方なのです。

このように説明すると、読者のなかには、いわゆる習熟度別のクラス編成や、ＡＩによって個別最適化された学習を思い浮かべる人がいるかもしれません。しかし、それらと学習センターは似て非なるものです。本書で提案されている学習センターでは、国や州の定める到達目標の達成だけではなく、目標や計画を立案・修正する力やリーダーシップを一人ひとりに育むことが大変重視されています。とくに前者については、繰り返し強調されています。

生徒がコーナーで自分のアイディアを試してみたいと言ってきたときに「ダメだ」と言うのではなく、「ぜひ、そうしよう!」と言ってみましょう。生徒がいつ、何を、どのように学ぶのかについて、自分のアイディアを駆使することを許すのです。たとえ、彼らの提案はうまくいかないだろうと分かっていたとしても、リスクを負わせるのです。

変化を求めるのであれば失敗も必要です。生徒は失敗を経験したときに、別の方法を探す必然性に駆られるのです。失敗することが授業のなかで奨励されていれば、生徒はそれを目標達成のための必要なステップと見なし、それをバネにして成長していきます。(一八〜一九ページ)

もっとも重要な点は、生徒が挑戦し、失敗し、その修正機会があるということです。(二七一ページ)

学習センターは、定められた内容を効率的に消化させるためだけのものではありません。自立した存在として、生徒が実社会を生き抜いていく力を育てるためのものです。それゆえ、授業の活動や計画は生徒と一緒につくりあげていきます。もし、それがうまくいかなかったときは、安易に教師が修正を加えるのではなく、生徒自身が振り返りを行い、現状を分析し、次にいかしていくというプロセスが大切にされています。こうした活動を通して、「失敗は学びへの道である」（一九ページ）と生徒に伝えているのです。

このように考えてくると、中学校以上を対象として、学習センターの考え方や具体的な方法、可能性の大きさを解説した本書は、まさに「教育の未来を切り拓く」一冊だと言えます。また、本書では難解な用語や理論がほとんど使われていません。読者自身の教室風景や担当する生徒、授業への取り入れ方がイメージできるように、数々のエピソードや写真、生徒の様子、そして明日からでも取り組める方法が豊富に示されています。

本書の読者として第一に想定されるのは、一斉授業からの脱却を目指して日々試行錯誤している教師です。失敗への恐怖や周囲の無理解・反発など、日々不安を抱えていることでしょう。ぜひ、各章の「ハックが実際に行われている事例」をお読みください。そこには、教師と生徒との素晴らしいエピソードだけでなく、失敗談も語られています。それらの一つ一つが、あなたの挑戦を勇気づけてくれるはずです。

「失敗は学びへの道である」と生徒に示せるのは、教師しかいません。未知のものへ果敢に挑戦し、失敗を次へいかそうとしている自らの姿を生徒に示して、モデルとなってあげてください。

第二の読者ターゲットは、学校や教育委員会全体の授業改革を進めたいと考えている管理職や教育行政の職員です。授業や学校の改革は、教師一人で成し遂げられるものではありません。そこでは、管理職の働きかけや励まし、そして支援と協力が欠かせません。各章に掲載されている「リーダーへのヒント」を参考にして、挑戦している教師と学校を支えてください。

第三に大学教員です。本書でも述べられているように、教師は「自分が教わった方法」で教える傾向にあります。訳者の一人（古賀）も、短いながら中学校教員の経験がありますが、一度現場に出てしまうと目先のことに追われてしまい、授業を根本からつくりかえるのは難しいと感じていました。それだけに、教員養成段階での学びや、夏休みなどの長期休暇における教員研修が大きな鍵を握っていると言えます。

第四のターゲットは、教科書ベースの一斉授業に違和感をもちつつも、授業にかかわることへの不安や、教師に対する遠慮から声を発せないでいる学校図書館の関係者です。訳者らは、一斉授業を脱却していくためには学校図書館の力が欠かせない、と考えています。本書で示されるアイディアが、授業改善に向けての「糸口」となることを願っています。学習センターを実現するためには、教科書以外のさまざまな資料が必要なのです。

そして、最後に保護者です。学習センターを充実させるためには、学校の資料や物品だけでは不十分な場合が考えられます。授業改善に挑戦する教師と学校を理解し、応援し、後押ししてください。また、みなさんは、保護者であると同時に地域に住む大人でもあります。ゲストティーチャーのような形で、学校の学びと実社会を結びつけるハブになってください。そして、実社会に生きる大人のモデルを生徒に示してください。

本書の内容が、読者一人ひとりを「挑戦に誘い、そっと寄り添い、アイディアとひらめき」を与えてくれる（八ページ）ことを心から願っています。

最後になりますが、粗訳の段階で原稿に目を通し、大変貴重なコメントをくださった黒瀬直美さん、中井悠加さん、野口知孝さん、矢頭香織さんに感謝申し上げます。また、本書の翻訳企画を快く受け入れてくださった武市一幸さんをはじめとする株式会社新評論のみなさんに感謝いたします。

二〇二二年一〇月

古賀洋一

もくじ

一斉授業をハックする——学校と社会をつなぐ「学習センター」を教室につくる

Starr Sackstein and Karen Terwilliger
HACKING LEARNING CENTERS IN GRADES 6-12
Originally published by Times 10 Publications

Translated and published by Shinhyoron Co. Ltd.
with permission from The Paperless Classroom DBA x Times 10 Publications.
This translated work is based on *Hacking Learning Centers in Grades 6-12*
by Starr Sackstein and Karen Terwilliger.

Translation arrangement managed RussoRights, LLC and
Japan UNI Agency Inc. on behalf of Times 10 Publications.

まえがき――学習センターを中心とした特別な文化をつくる

学びは、一人の教師（たとえ、最高の教師であったとしても）の掌《てのひら》に収まりきるものではありません。「学ぶ」とは、本来、大人や生徒一人ひとりが未知の内容に夢中になり、自分のニーズや興味関心に従い、自分が納得できる形で意味を理解していくというダイナミックな体験だからです。本書で紹介する「学習センター」が、本来の学びを授業で実現させてくれるでしょう[1]。

学習センターを授業に取り入れる際、まず教師が学習センターをつくり、生徒にとって分かりやすい使い方を考え、教えることからはじめます。そうすると、生徒は自分たちが何をすればよいのかが分かるので、安心感がもてます。

生徒が学習センターを快適に感じれば感じるほど、希望とする雰囲気を提案するようになるでしょう。段階的な発展に伴って、生徒は学びの空間において自立した

（1）学習センターの風景は、六一～七〇ページの写真をご覧ください。また、以下の二つのＱＲコードでその様子が視聴できます。一つのコーナーの人数は、二～五人程度です。

存在となっていき、教師は自信をもって「学びのコントローラー」を手放せます。

生徒がいつこのステップを踏むことになるのか、時には、生徒自身が気づかないうちに教師は知るでしょう。あるときは、「クラス全員が学びの探検を行えるものへと学習センターを発展させよう」というアイディアを生徒が述べる形で、次のステップに進む準備ができたと示される場合もあります。注意深く観察すれば、コントロールを生徒に手渡すタイミングが分かるようになります。

中学校でも高校でも、学習センターを成功させる鍵は次の二つとなります。

❶人間関係を構築する。
❷学習センターの中心は学びであることをはっきりさせる。

各コーナー[2]で活動する間は、学びの内容に沿ってじっくり考えながら、目標を立てたり、振り返ったりするように指示します。活動の順序やペースは生徒自身が決めるので、必ずしも重要ではありません。また、指導事項を効率的に学んでもらいたい場合は、コーナーからコーナーへの規則的な移動（ローテーション）を取り入れてもよいでしょう。

生徒は、まだ気づいていなかった自分自身の興味を発見し、それらをクラスメイトとの協働へと発展させていきます。一方、教師は、生徒の学びを見極めるための時間がもてるので、次の授業計画に役立てられます。

学習センターを使った教え方は、一人ないし協力する二人の教師が、学びの空間において生徒一人ひとりのニーズにこたえていくというものです。学習センターは、生徒のオウナーシップ（学びは自分のものであるという意識）や授業への参加意識を高めると同時に、生徒が本来もっている興味関心や学びへの柔軟性を引き出します。(3)

学習センターを使った経験がない人は、ここまでの内容に圧倒されてしまい、戸惑いを感じるかもしれません。どこに授業の中心があるのか？　なぜ、多くの生徒に違うことをさせるのか？　混乱ともいえる状態(4)をどのようにコントロールするのか？　といった疑問を抱くことでしょう。しかし、生徒の声を尊重し、耳を傾けるといった文化の創生は、素晴らしい学びを実現するうえで不可欠です。年度初めにこのような文化をつくるために時間を費やした教師は、生徒とともに過ごす間、その恩恵を受け続けることになるでしょう。

(2)　混乱を避けるために、本書では、学びの空間全体を指す場合は「学習センター」、そこに複数設置されている独立した学びの場を指す場合は「コーナー」と呼びます。

(3)　『ようこそ、一人ひとりをいかす教室へ』（C・A・トムリンソン／山崎敬人ほか訳、北大路書房、二〇一七年）で紹介されている方法のなかで、もっともスペースを割いて学習センターやコーナーが一番最初に紹介されている理由は、まさしくここでの記述によります。

本書『一斉授業をハックする』も、これまでに出版された「ハック・シリーズ」の形式に則って書かれています。各章は、「問題」つまり一斉授業をめぐって生じる困難を明確にするところからはじまります。これらの困難は、教師人生において度々生じる悩みの種です。だからこそ、私たちは答えを探し求めてきたのです。

すべての生徒に最高の学びを体験させるための重要なポイントについて、ブレインストーミングや話し合いを行ってきました。最初は試行錯誤を繰り返し、そこから生徒やほかの教師と話し合い、最適で実用的な解決策をともに選びだしてきました。これらの解決策は各章の「ハック」というセクションで紹介していきます。

「ハック」に続いて、「あなたが明日にでもできること」のセクションでは、教室ですぐにはじめられる活動を紹介します（容易に、しかもすぐにはじめられる方法を嫌がる教師はいないでしょう）。そして、「完全実施に向けての青写真」のセクションではより詳細な説明を行います。ここでの内容は、次のような事柄を行う際に参考となるでしょう。

・教師のコントロールを手放す。
・生徒のアイディアをコーナーづくりにいかす。
・生徒がどのコーナーに行ってもスキルを高められるように、生徒の声と選択を有意義な形でいかす。
・複数の活動が入り乱れることによって生じる混乱を扱いやすくするための仕組み（円滑に運営するための手順）を埋めこむ。

次の「課題を乗り越える」のセクションでは、職場や教員研修の場で出合うことになる、学習センターに対する否定的な意見を説得するためのヒントを紹介しています。そのヒントをもとにすれば、職場を変化させる際にはリードできるでしょう。

また、このセクションでは、教育法を変えようとしている教師をより良く支えようとするリーダー（管理職）に対するヒントも書かれています。これらのヒントは、私たち筆者が、管理職と一人の教師として実際にこのようなプロセスを経験し、関係を築いていくなかで得られたものです。とくに、中学校や高校の教師が従来の授業から脱却しようとしているときには、「自分は支えられている」という感覚が大切となります。

（4）「声（Voice）」には、いわゆる「意見」や「質問」だけではなく、そうした明確な形にはならない「つぶやき」や「感慨」のようなものも含まれます。詳しくは、『生徒指導をハックする』（ネイソン・メイナードほか／高見佐知ほか訳、新評論、二〇二〇年）の「ハック1」および『私にも言いたいことがあります！』（デイヴィッド・ブース／飯村寧史ほか訳、新評論、二〇二一年）を参照してください。

さらに、「ハックが実際に行われている事例」のセクションでは、教師が実際にハックを行っている様子を紹介していきます。学習センターを使うまでのプロセスがリアルに分かるでしょうし、さらなるアイディアを学べるはずです。もちろん、私たち筆者やほかの協力者が成功した方法は本書に記載したものだけではありません。これらのストーリーが、あなたを教室での挑戦に誘い、そっと寄り添い、アイディアとひらめきを与えてくれるでしょう。

各章の最後となる「まとめ」では、あなた自身の教室に有意義な学習センターがつくられるように、いくつかの質問を行っています。私たちにとって「振り返る」という行為は、より熟慮された考えを得るための強力な方法です。「まとめ」で挙げた質問が、そのような恩恵を与えるものになると願っています。

本書を読みはじめたあなたが、学習センターの初心者であれ、熟練者であれ、生徒とともに教室をつくりかえ、決して忘れられないような経験をすべての生徒に提供するために、本書に挙げたアイディアを活用していくことを私たち筆者は望んでいます。

ハック1

「調和のとれた混乱」のなかで学ぶことを教える

学びを楽しさでいっぱいにし、学習センターに活気を与える

すべての混乱には調和があり、
すべての無秩序には隠された秩序がある。
（カール・ユング）*

（*）（Carl Gustav Jung, 1875～1961）スイスの分析心理学者です。

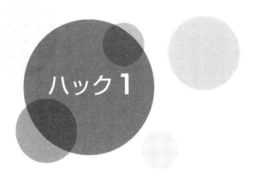

問題　教師が授業をコントロールしすぎている

ほかの生徒の後頭部を見つめながら前にいる教師の話を聞いているような状態では、生徒が学ぶ意欲をもつことはありません。映画『フェリスはある朝突然に』[1]を観たことがある人なら、ベン・スタイン（Ben Stein）の演じる政経教師が、ブードゥー教の経済についてダラダラと講義している場面を思い浮かべるでしょう。

その教室にいる生徒たちは、居眠り寸前の状態か、学び以外のことに夢中になっているかのどちらかでした。彼らは、すっかり退屈してしまい、うんざりした様子で椅子に座っていました。授業にはこれっぽっちも興味を示さず、落書きに夢中になったり、隣の人と私語を交わしたり、窓の外を見つめたり、ぽかんと口を開けて、意識が朦朧とした状態になっていました。

このような振る舞いがエスカレートすることに教師はイライラしてしまい、無視するか、怒鳴りはじめるかをしてしまいます。そして、教師も生徒も困ってしまうのです。残念なことに、毎日このような出来事が多くの教室で起こっており、学びや教育に対する情熱を消し去ってしまっています。

右に紹介した場面では、教室の物理的な空間設定（生徒が座る椅子を一列に並べて、教師が前に立つ）から授業で使用する教材の内容まで、教師がすべてを管理していました[2]。

このような教室のレイアウトだと、授業に参加するのは前方に座っている一部の生徒だけとなるでしょう。後方の生徒は授業に参加せず、教師がそうした生徒に注意を払っているわけではないのでボーっとしてしまいます。となると、後ろの生徒は授業で何が起こっているのか分からず、会話にも参加しにくいでしょう。

さらに、もし後方の生徒が授業に参加した場合、ほかの生徒は振り

（１）一九八六年にアメリカで製作され、日本でも一九八七年に公開されました。仮病の達人である高校生、フェリスの一日を描いた作品です。

（２）翻訳協力者から「こういう状態での授業、望ましくないということ自体はおそらく多くの人が分かっているのだと思います、「それを脱する具体的な方法がないから、『ダメだと分かってるけど変えられない』状況を生み出している」というコメントが届きました。その具体的な方法の一つが、本書で紹介する学習センターです。ほかの方法としては、探究学習＝プロジェクト学習や、ワークショップ形式の授業（下のＱＲコードで見られる文献）があります。

学習センターでは、ブレインストーミングを行ったり、学習計画を練ったり、授業のねらいについて話し合うようにと促されます。私たち教師は、生徒が個人で取り組むのではなく、互いに導きあい、教えあいながら、そのテーマについて理解していくための方法を示します。

向く必要があるので、授業の流れが中断してしまいます。

このような光景は、授業の中心は教師である、という考え方を示しています。すべての専門的な知識をふまえているのが教師のみなので、耳を傾けられるべき存在である、というわけです。

もし、生徒が方法やスキルを機械的に訓練する場を授業とするならば、個々人の机を用意すれば、各自が独立した存在であると示せます。そこにはグループワークという選択肢はなく、すべての課題を自らの力のみで解決します。生徒が困っているとき、それに対する指導ができるのは教師ただ一人です。授業の最後には、生徒が仕上げた課題を回収し、生徒の学びと成長を助けるためにそれぞれの回答を読み、フィードバックを考えるという大変な仕事が待っています。

さて、このようなサイクルを、毎日、一年間繰り返してみましょう。あなたは、心身ともに耐えられますか?


ところで、低学年の生徒はなぜ授業に退屈しているように見えないのだろうか、と不思議に思ったことはありませんか? 答えは簡単です。体力に満ちあふれた年齢であるし、元々好奇心旺盛だということに加えて、二〇分以上続けて教師から話を聞かされることがほとんどないからです。

小学校(とくに低学年)の授業は、講義形式やパワーポイントに沿って進められたり、教える内容だけで進めるといったものではありません。教えられる情報は生徒の興味関心に結びつくように細かく示されており、その情報に対して積極的に反応するように促されています。

学習センターを使った教え方にも、生徒にとって必要とされる「動き」が効果的に組みこまれています。そして、各コーナーは、有能な読書家や作家、数学者や市民になるために必要とされるスキルや方法を生徒が探し求め、モデルとなるものを学び、練習していくというスタイルになります。

なぜ、中学生以上の生徒にもこういう環境を求めないのでしょうか?

中学校や高校の教室でも、小学校の低学年と同じように、生徒が今いる場所で、教える内容をとりこぼすことなく、より細かく分けられた時間と内容をつなげながら授業運営ができますし、目的を絞った活動ができます。

学習センターでは、ブレインストーミングを行ったり、学習計画を練ったり、授業のねらいについて話し合うようにと促されます。そして、私たち教師は、生徒が個人で取り組むのではなく、互いに導きあい、教えあいながら、そのテーマについて理解していくための方法を示します。

教師が管理している教室では一部の生徒だけが授業に参加しているわけですが、結局のところ、彼らは何に対してもうまくやれる生徒である可能性が高いのです。彼らがうまくやれるのは、あなたの手柄ではありません。では、そのような生徒だけでなく、すべての生徒に手を差し伸べるために、私たちは何を、どのように変えればいいのでしょうか？

答えは簡単です。教師が教室を完全に支配するのではなく、従来の授業ではできなかった方法で、生徒自身の力がフルに発揮されて、学べるようにすればいいだけです。私たちは、教師主導の授業から離れて、生徒がクラスメイトや学びの内容とよりつながりがもてるような環境設定ができるのです。生徒の潜在能力を最大限に発揮させたいという願いさえもてば、学習センターを使って、学びの方法やクラスメイトとの交流に心から夢中になれるような刺激を与えられるのです。

ハック 「調和のとれた混乱」のなかで学ぶことを教える

「教室とは、教師が中心であり、管理された空間である」という従来の考え方を私たちは変えようとしているわけですが、このような行為は、教師が生徒を押さえつけ、命令しなければ授業は成り立たないという古い教育スタイルを見直すチャンスともなります。

硬直した考えのもとでは、生徒は学びに参加できる多くの機会を失ってしまいます。しかし、もし私たちが先入観を払拭し、教育のプロセスでは混乱がつきものであると再認識できるならば、新たな音楽が奏でられるようになります。そして、そのような創造プロセスに生徒を巻きこめば、学ぶことの楽しさが強調できるのです。

学習センターでは、少人数での活動が少しずつ行われるため、生徒は価値ある学びが得られます。学習センターは、生徒が短い時間を過ごすいくつかの活動に分かれています。学校がブロック・スケジュール(3)の場合は、一日に複数のコーナーを生徒はローテーションします。通常授業である四〇～五〇分の場合は、そのコマをどのコーナーで過ごすか生徒に選んでもらいます。

生徒の声と選択を尊重し、より楽しく、活気のある環境がすぐにつくれます。教師はすべてのコーナー(4)に常にいられませんが、その代わり、生徒が自然な形でリーダーシップを発揮していきます。センターを発展させるときには、生徒のことをよく知り、彼らがもっている興味を尊重しましょう。そう

---

(3)　ブロック・スケジュールとは、通常四〇～五〇分×六～七コマといった時間割を、八〇～一二〇分の授業へ組みかえることです。その分、一日のコマ数は減ります。詳しくは、『シンプルな方法で学校は変わる』(吉田新一郎ほか著、みくに出版、二〇一九年、二二九～二三一ページ)を参照してください。「時間割は、与えられるものではなく、つくり出すもの」といったことが述べられています。

(4)　コーナーの数を増やしたり、内容を入れかえたり、より高度な内容のものを取り入れることを指します。

支配者がいない教室で学ぶ形に慣れれば、生徒は教師の指示を求めることが少なくなり、自分たちの学びとその成果をコントロールするようになります。

すれば、学習センターで学ぶことに対する情熱と興奮が生みだされます。

生徒にオウナーシップをもつ機会を与えれば、教師による支配力が弱まります。つまり、生徒一人ひとりが「船長」となり、教師はそれぞれの船の「航海士」という役目になるのです[(5)]。

学習センターを発展させるときには、生徒が意思決定に参加できるような空間を確保しましょう。支配者のいない教室で学ぶ形に慣れれば、生徒は教師の指示を求めることが少なくなり、自分たちの学びとその成果をコントロールするようになります。

あなたが明日にでもできること

もし、あなたが「調和のとれた混乱」をつくりだすことで生徒の成長を促したいのであれば、生徒の興味と興奮を呼び起こすために変えられる事柄は何かと考えてみてください。いくつかの簡単な修正を行えば、授業が終わっても生徒はすぐに教室を飛びださないし、授業の開始時には生徒が教室に駆けこんでくるようになるでしょう[(6)]。

まずは、教室のレイアウトを変える

一列に並んだ机と椅子の埃を払って、モノを移動させましょう。あなたの教室にいる生徒が、

本当はいかに活発であるかに思いを馳せるのです。生徒の試行錯誤を助けるための場所を学習センターにつくりましょう。机の位置を変えたり、カラフルなカーペットとビーンバッグチェアを組みあわせたり、シンプルなパーテーションを置いてもいいでしょう。その部屋に入った瞬間、「ここはほかの教室とは違うぞ」と思わせるような空間をつくりましょう。

どこから手をつけたらよいのかが分からないときは、グーグルやピンタレスト[(7)]で検索するというのも一つの方法です（たとえば、「learning centers 画像」と入力して）。小学生向けの例が多いかもしれませんが、ほんの少し工夫すれば生徒の年齢に合わせられます。

「動き」を取り入れる

思春期の生徒が学校にもちこんでくるすべてのエネルギーを、学ぶコーナーの選択や、学びの計画・管理、目的をもった行動に仕向ける必要があります。手を挙げさせたり、席替えをさせた

（5）「生徒中心」ですが「生徒任せ」ではない点に注意が必要です。
（6）アメリカの中学校や高校は日本の学校とは逆で、各教師が自分の部屋をもっています。生徒は授業時間ごとに教室を移動して授業を受けます。『読む文化をハックする』（ジェラルド・ドーソン／山元隆春ほか訳、新評論、二〇二一年、一〇七ページ）の「訳者コラム　どの教科にも専用の部屋がある」が参考になります。
（7）ネット上の画像をピン止めし、ブックマークとして集めるツールです。

りする代わりに、席から立ちあがっていくようなローテーションの仕組みをつくるのです。

あるコーナーで学びをはじめて、全力を尽くし、目の前の課題を完了させ、満足するまでやり遂げられたら、生徒は席から立ちあがって次のコーナーへと移動します。私は、このシステムを「バウンス（bounce）[8]」と呼んでいます。ぜひ、試してみてください。

なかには、今のコーナーを離れて「別のコーナーに行ってもいいですか？」と尋ねる生徒もいるでしょう。年度初めの段階では、「今のコーナーにもう少し留まるか、最後までやり抜くように」と伝えます。ただし、移動したい理由が正当な場合は、「バウンスしてもよい」と許可します。そのような場合への対応についても、生徒自身が判断できるように、活動のルーティーンに組みこんでいくとよいでしょう。

あなたの足をブレーキから離す

生徒がコーナーで自分のアイディアを試してみたいと言ってきたときに「ダメだ」と言うのではなく、「ぜひ、そうしよう！」と言ってみましょう。生徒がいつ、何を、どのように学ぶのかについて、自分のアイディアを駆使することを許すのです。たとえ、彼らの提案はうまくいかないだろうと分かっていたとしても、リスクを負わせるのです。

変化を求めるのであれば失敗も必要です。失敗を経験したときに、別の方法を探す必然性に駆られるのです。失敗することが授業のなかで奨励されていれば、生徒はそれを目標達成のための必要なステップと見なし、バネにして成長していきます。私たち教師は、「失敗は学びへの道である」と伝える必要があります。

「リスクを負い、失敗をバネにするように」と教師が伝えさえすれば、たとえ目標が達成できなかったとしても、最初の一歩を踏みだすことのメリットを生徒は理解していきます。

たとえば、あるコーナーの生徒が、「文章や学習内容に関するグループでの話し合いをリードするように」と求められたとしましょう。その生徒は、教師と同じように内容を理解していないので、まちがった情報を広めてしまうかもしれません。しかし、そこで世界が終わるわけではありません。生じてしまった混乱を生徒と一緒に振り返り、彼らの理解を軌道修正するための質問をしてください。そして、生徒が自分で確認できるような資料をわたします。

こうしたやり取りは面倒なものですし、そこでの理解の仕方は決して直線的なものではありません。しかし、それは学びが生じていないことを意味しているわけではありません。私たち教師は、生徒を挑戦させ、もしそれが失敗したときには、資料や口頭でのフィードバックを通してサポートできるのです。

（8）弾む、跳ねあがる、飛び跳ねるように歩くという意味です。

すべてのリスクが失敗で終わるわけではありません。とはいえ、生徒が目標を達成できるのか心配になる場合もあるでしょう。しかし、もし生徒が教師よりも優れたアイディアを思いつき、それを試してみるといった機会があったらどうでしょうか。たとえ不安を感じたとしても、そのような状態がベストなのです。生徒の成長を願うのであれば、生徒と教師の協力しあう力を信頼する必要があります。

計画をしっかり立てる

学習センターの全体像をつかむために、机をグループに分けます。次に、各コーナーを色分けし、名前を付けていきます。各コーナーは、活動で使う教材や教具が置かれている場所の近くに設置します。たとえば、青テーブルには筆記用具や紙、粘土、鉛筆削りが近くにあって、簡単に手に取れるので「アート・コーナー」とします。黄色テーブルの近くには本棚があるので、「図書館」あるいは「秘密の読書コーナー」とします。

このような形で四つから五つのコーナーを用意すれば、まずは試してみようという気持ちになるものです。実際に使ってみて、理想的なものではないと感じたら、その場でつくり直すようにします。

このような配置図は、学ぶ場所を生徒が決めるときにも使えます。最初は、授業がスムーズに展開するように、教師が各コーナーに生徒を振り分けてもいいでしょう。仲のよい生徒を同じグループにして、各コーナーにリーダー的な生徒を配置すれば、各コーナーに最低一人は熱心でリーダーシップのある生徒が存在することになります。学習センターの使い方に慣れるに従って、生徒が学ぶコーナーを選択できるようにしていくのです。

あなたの立ち位置や生徒との距離を工夫する

それぞれのコーナーで生徒と話したり、サポートするときには、自分の立ち位置を工夫して、クラス全体が見わたせるようにしましょう。

課題から逸脱している様子のグループを見かけたら、そのグループに近づいて、誰が、どこで逸脱した行動をとっているのかを見極め、その理由をメンバーと話したり、生徒に期待していることをより明確な言葉に言い換えます(9)。そして生徒が、あなたの提案を受け入れるかどうかを検討するのです。

(9)　翻訳協力者から「『今は○○をする時間である』、『この時間は学びに集中しなければならない』といったルールを確認するのではなく、伝えるのは『期待』であることを強調したいですね。ルールはその『期待』を満たすために自ずと必要になってくる（生徒が自分自身で自ずと設定する）といった構造になる」というコメントがありました。これについては、『生徒指導をハックする』（前掲）の「ハック４」でも述べられています。

生徒が課題に取り組んでいないことを、否定的ではなく肯定的に捉えるようにしましょう。うまくやりたいと思っている生徒でも、どこから手をつけてよいのか分からないかもしれません。また、グループの集中力を維持したり、集中力の低下に対応したりするために、各グループのリーダーを教師や生徒同士で選ぶというのも一つの方法です。各グループのリーダーを集めてミーティングを開き、グループの集中力を取り戻すための方法や技術を教えるのです。[10]

完全実施に向けての青写真

ステップ1　楽しいものとして学びをとらえ直す

学びを、「こなさければならない仕事」や「苦役」のように感じる必要はまったくありません。生徒は、ゲームや遊びが学びに役立つという事実を知っています。学びの専門家としての教師は、なぜそのような活動を行うのか、そのことがこれまでの経験とどのようにつながり、今後の経験にどのようにいかされていくのかについて生徒と共有できます。

授業のねらいに触れ、ルーティーンを定め、モデルを示し、生徒に期待していることを明確にしさえすれば生徒は安全と感じ、リスクを恐れる必要がなく、挑戦するようにと後押しされ、思考が深まる過程を支えてもらえるという教室文化を形成していきます。

　学習センターのなかに「ゲーム・コーナー」を設置するというのもアイディアの一つでしょう。学んだ概念や情報を定着させるようなゲームをデザインするのです。「ボグル」、「バナナグラム」、「スクラブル」、「モノポリー」、「ライフ」、「ヤッツィー」、「ゲス・フー」（次ページの**訳者コラム**参照）などといった既成のゲームも有効です。

　これらのゲームを通して生徒は専門的な語彙を使いはじめますし、学年が進むにつれて語彙数が増えていきます。さらに、コーナーに追加するゲームを、生徒自身がつくるように仕向けることもできるでしょう。たとえば、私が担当している社会科の授業を受けている六年生は、[11]「あなたは古代中国を生き残れるか⁉」というゲームをつくりました。グループをつくって、ゲームの構成要素をみんなで設計していきました。

(10)　とても大切なことですが、日本のグループ活動では注目され、かつ教えられているでしょうか？　生徒たち（教員研修や会議などにおける教師も！）をグループにするだけで効果的な活動が行われるわけではありません！
(11)　本書では、一～一二年生の通しの学年で表示します。アメリカの高校は九～一二年生と決まっていますが、中学校は教育委員会によって、七～八年生だけだったり、六～八年生だったり、小中一貫だったりとさまざまです。著者の一人であるターウィリガーさんは六年生（中学の一年目）を教えており、もう一人のサックシュタインさんは高校で教えていました。

訳者 Column ▶　ゲームの説明①

ボグル（Boggle）、**バナナグラム**（Bananagrams）、**スクラブル**（Scrabble）は、クロスワードなどで英単語をつくっていく語彙学習ゲームです。本書の70ページでは、生徒がバナナグラムで学んでいる様子の写真が掲載されています。
モノポリー（Monopoly）は、盤上を回りながらほかのプレイヤーと土地売買などの交渉を行うゲームで、資産運用について学べます。
ライフ（Life）は、生命の誕生や進化、淘汰のプロセスが学べるシミュレーションゲームです。
ヤッツィー（Yahtzee）は、五つのサイコロを振り、その出目から得点を算出して競いあっていくゲームです。
ゲス・フー（Guess Who）は２人のプレイヤーが人物を選び、質問を通して相手が選んだ人物を当てていくというゲームです。「はい」か「いいえ」で答えられる質問しか行えない点に特色があります。
カフート（Kahoot）と**クイズィーズ**（Quizizz）は、クイズが作成できるオンラインアプリです。
ジェパディ（Jeopardy）は、1964年から放送されているアメリカのクイズ番組です。パネルに「スポーツの10」、「社会の30」などのジャンルと点数が割り振られていて（この時点ではクイズの内容は伏されています）、回答者がパネルを指定してクイズに答えていきます。正解した場合はパネルに示された点数が獲得できますが、まちがった場合はその点数を失います。これを参考にした『クイズグランプリ』という番組（フジテレビ製作）が、日本でも1970年代に放送されていました。

背景となるボード（通常は中国の地図）をつくり、スタート地点とゴール地点を決め、どのようにプレイヤーが駒を移動させていくのかについて考えていきました。なかには、オリジナルの駒をつくるグループもありました（あるグループは、埴輪や土偶のような赤茶色をした粘土細工をつくっていました）。

ボード上のカードやスペースには、本や映画、記事から学んだ史実が書かれています。社会科で中国について学習していたときには、それらをゲーム・コーナーに取り入れていました。生徒がつくったゲームということもあり、ほかの生徒もしきりに遊びたがっていました。さらに、既成の対戦ゲームに学んだ語彙を追加して、生徒自身の手でより学習に関連したものへと改良していきました。

また、「カフート」、「クイズィーズ」、「ジェパディ」（訳者コラム参照）のようなゲームの問題を生徒につくってもらうこともあります。こうすればあなたの仕事が少しは軽減されますし、生徒は学びを「自分事」として捉えるようになります。スクリーンに自分がつくった問題が映しだされたときには、もちろん大喜びとなります。

その後は、ゲーム・コーナーやテクノロジー・コーナーにゲームを追加するかどうかを確認し、問題を考えてもらい、ゲームを通して専門的な語彙の使用を練習するといった学びも可能になります。

従来の枠にとらわれない思考をすれば、どのような既製のゲームでも、授業のカリキュラムに組みこむ方法を思いつくものです。また、「クリエイト・コーナー」というものをつくって、ほかの授業で学んだ内容をいかしたゲームを生徒につくってもらうというのもいいでしょう。これらのゲームをコーナーに追加して、最終的には、生徒が遊びたい（学びたい！）ゲームが選べるようにするのです。

ステップ2　生徒の「声を集める箱」に耳を傾ける

学習センターを使って学んでいると、活動をより良くしようと、生徒からたくさんのアイディアが提案されるようになります。ある生徒が、読んでいる本に登場する道具や人物がつくれるように、「アート・コーナー」に粘土を置いてほしいと提案してきました。一人の生徒が提案すると、ほかの生徒も自分の意見を述べるようになります。

私は、コーナーに追加したいものや読みたい記事、じっくり読んでみたい本、学びを深めるために閲覧したいウェブサイトをひらめいたときには、「それをポストイットに書きだすように」と言っています。それらのポストイットを、再利用したティッシュペーパーの箱に入れていくのです（箱にラッピングしてもいいですし、そのまま使ってもいいでしょう）。

この方法は生徒の提案や希望を知るのに最適で、感動的なコメントが入っていたこともあります。まさに、生徒の「声を集める箱」と言えます。

実際に生徒のアイディアが読まれて実行に移されていくと、箱はあっという間にアイディアでいっぱいになります。それらのアイディアを使って、理想の学習センターをグループでデザインしてもらいましょう。「何をどこまで学ぶのか」を念頭に置いて、備品や教材をレイアウトしている様子が彼らのデザインから分かるでしょう。

ステップ3　生徒からのフィードバックを公表する

もし、あなたが学習センターを改善するにあたって、生徒のアイディアを考慮に入れる場合は、そのことを生徒に伝える必要があります。自分の声には価値がある、と感じる必要が生徒にはあるのです。

生徒からのフィードバックを募集する場合は、それが有意義に活用されることを保証しなければなりません。一番よくないのは、助けを求めておきながら生徒からのアドバイスを無視するといった行為です。フィードバックを集めたあとは、生徒一人ひとりが提供してくれたアイディアを確認するようにしましょう。紙上でもかまいません。ほかの生徒も交えたほうが適切な場合はその生徒の前で、個人的に話す必要がある場合は対峙して確認するようにしましょう。

「私たちは、あなたの声に耳を傾けているの」という言葉を生徒は聞いて、見て、信じる必要があります。いうまでもなく、私たちがそのように振る舞わないと示せません。のちに見る「ハックが実際に行われている事例」のセクション(三六ページ参照)では、教師が生徒の自己評価をもとにして振り返りを行い、生徒のニーズをとらえていく様子が紹介されています。

また、生徒のフィードバックやアイディアを閲覧できる掲示板をつくるというのも一つの方法です。もし、壁面空間が確保できない場合は、アイディアを共有するオンラインでの空間づくりを検討してください。

ステップ4 失敗をよい方向にいかす

完璧なものなんてありません! まちがいはよくありますし、それが人生なのです。まちがいへの対処の仕方によって大きな違いが生まれます。何か問題が生じたとき、教師が怒鳴ったり非難したりするのではなく、冷静に、周囲と協力して解決策を出しあっている姿を生徒が目にすれば、物事を教える絶好の機会を迎えたことになります。

すべての年齢の生徒が、このような状況に対応するためのお手本を必要としています。お手本となる教師の姿を目の当たりにすれば、自分たちが生きている世界において問題に直面した際、それが前向きに解決するための方法であると理解するのです。

生徒に隠し事をせず、常に完璧な状態ではないと知らせることが素晴らしい第一歩となります。

問題を悪化させるのではなく、「周囲と協力して問題に対応していくことが前向きな振る舞いである」と生徒に伝えましょう。取り返しのつかない状況になってしまう前に原因を特定し、解決策を話し合うための方法を生徒に教えるのです。そうすれば、より高次の思考力(12)を働かせながら問題を解決するための能力が育めます。

貴重な時間を使わずにすぐ修正できるような問題であれば、そうしましょう。たとえば、ある活動を行うのに十分な広さがなく、別の場所を利用できるのならすぐにそこを使います。問題を雪だるま式に増やさないようにするのです。

しかし、振り返りや生徒からのアイディアが必要な場合は、振り返りを実際に行う前に生徒と簡単な話し合いをするとよいでしょう。そうすれば、生徒はまちがいを繰り返さない方法(13)を考えて、意見を出してくれるはずです。また、ジャーナル（日誌）を用いれば、静かな生徒でも自身

(12)　一般的に、「高次の思考力」には「応用」、「分析」、「統合」、「評価」が、「低次の思考力」には「暗記」と「理解」が含まれます。このことについては、『増補版「考える力」はこうしてつける』（ジェニ・ウィルソンほか／吉田新一郎訳、新評論、二〇一八年）が参考になります。

(13)　簡単に言えば「頭のなかでじっくり考え、観察力が鋭く、一人でいることを好む生徒」を指します。こうした生徒を活かす教育の方法や環境整備については、『静かな子どもも大切にする』（クリスィー・ロマノ・アラビト／古賀洋一ほか訳、新評論、二〇二一年）を参照してください。

の懸案事項を話して周囲から反発を受けることなく考えを発信するでしょう。

失敗を繰り返さない方法の一つとして、各コーナーに、そこで期待される振る舞いを思い出させる図や表、絵を掲示するといったことが考えられます。生徒は教室での適切なかかわり方を知っていますので、掲示物の作成をお願いさえすれば、自分たちの声を教室にいかせると考えます。その一例として、「ハック5」（一四九ページから）では、授業中に期待される振る舞いを示した掲示物を紹介しています。

また、各コーナーに「問題日誌」や「解決日誌」を置いて、解決すべき問題と解決策について生徒が書き入れられるようにするといったことも考えられます。

日誌を色分けして、どのコーナーのものであるかが分かるようにします。各コーナーへ移動する際には、そこの日誌を開いて、コーナーでの学びがはじまる前に、問題に対処する必要があるかどうかを「確認するように」と指導しましょう。グループのメンバーには、活動を行う前に問題の解決策を考えてもらいます。

もし、グループのリーダーが「問題日誌」に何かを書き入れたら、それを提出するようにお願いしましょう。そうすれば、授業後に日誌を一つ一つチェッ

まちがいを解決するための時間と場を生徒に与えれば、教室の外でも活かせる人生の教訓について教えることができます。

クする手間が省けます。

どのような問題を書き入れればよいのかを生徒に知らせるために、ミニ・レッスン[14]において日誌について紹介してください。そのなかで、あなたが教室で見たまちがいの例についても説明していきます。

このような力を与えるためには、何といっても生徒への信頼感が欠かせません。生徒がまちがいを発見し、解決できることを信じましょう。まちがいを解決するための時間と場を生徒に与えれば、教室の外でもいかせる人生の教訓について教えることができます。

課題を乗り越える

従来の授業では、楽しさが優先されることはありません。カバーしなければならない内容に重

(14) ミニ・レッスンとは、各授業で生徒が使えるようになってほしいスキルや方法を、授業の冒頭において教師が短時間で教えることです。とはいっても、教師が一方的に話をするのではなく、教師による実演や、生徒が実際に試してみる形で教えていきます。ここで教えられたスキルや方法は、授業最後の振り返りにおいても使われます。ミニ・レッスンについては、『増補版・作家の時間』と『改訂版・読書家の時間』（共にプロジェクト・ワークショップ編著、新評論、二〇一八年、二〇二一年）で詳しく紹介されています。

点を置いているからです。そのため、私たちの教室に来ることを生徒が楽しみにするようになってくると（学ぶことが楽しいからですが）、同僚は「あなたの授業は表面上楽しいだけで、生徒に深い学びをもたらしていないのでは？」と疑いはじめるかもしれません。

そこで、楽しんでいる間はまちがいなく前向きに生徒は学んでいるということを証明するためのヒントを紹介していきましょう。

夢中になっているときには学んでいると、どうして分かるのですか？

楽しんでいるかどうかにかかわらず、人は常に学んでいます。しかし、学ぶこと自体が楽しければ、より興味をもって、より知識を定着させます。放課後の教員研修や職員会議について考えてみてください。プレゼンターがその場を楽しくさせてくれたことはありますか？　また、いつもより早く終わったと感じたことはありますか？　学んだ内容は、こうしたポジティブな体験に結びついたとき、記憶に残りやすいのです。

もちろん、ほとんどの管理職や教師は、測定可能な結果を示したいと思っています。そこで、生徒が指導事項[15]（スタンダード）を学んでいると示す証拠として、教室から退室する際に書く「振り返りカード」[16]の内容や、生徒が創作した詩、粘土細工、フリップグリッド（Flipgrid）やパドレット（Padlet）を使った活動記録などといった具体的な成果物を使いましょう。これらを見せあいながら授業の終わりに振り返りを行えば、楽しみながら指導事項の定着度が測れます。

教師がコントロールしていないと生徒は課題をしないのでは？

各コーナーにおいて生徒に期待する内容を明確にします。こうした期待も生徒から引き出していくのですが、とくに年長生徒の場合は、学びに集中しているときの行動と、そうでないときの行動の違いを知っているので、注意喚起の掲示物（「ハック５」を参照）を見るだけでよいかもしれません。

適切／不適切な振る舞いとは具体的にどのような行動なのかについてブレインストーミングをしてもらったあとに、グループごとに掲示物をつくってもらい、ラミネート加工して机の上に置くか、コーナーに掲示するようにと指示します。

さらに、自分やクラスメイトのアイディアが学習センターの運営にいかされていく様子を見る

---

(15)　授業の最後に行われる振り返り活動は、「出口チケット（Exit Tickets）」とも言われます。教室を退出する際に提出するものです。

(16)　フリップグリッドとパドレットは、一枚の画面上に各人が自分の考えや写真、動画などを投稿して、全体で共有できるアプリです。お互いの投稿を読みあったり、コメントの付けあいもできます。グーグル・ドキュメントやグーグル・ジャムボードなどでも再現できます。

リーダーへのヒント

管理職などの言動は、教師に矛盾したメッセージを送る場合があります。教科書のカバーが優先されている教育のなかで、管理職のあなたが教師に学習センターを導入してほしいと本気で思っているなら、具体的なサポートを行う必要があります。

もし、教育的なリスクを自由にとってもよいと思い、「テストの結果を重視しない（テストの後すぐに忘れてしまう記憶レベルの知識よりも、定着する知識やスキルをより重視する・訳者補記）」と言うのであれば、本当にそれを実行する必要があります。管理職の言葉と行動が一致すれば、現場を混乱させるメッセージは減ります。

と、とくにそこで学習しているテーマに興味がある場合、生徒は課題に取り組み続ける意欲が高まるでしょう。教師がアイディアを実行に移す様子を示し、そうすることの素晴らしさを共有すれば生徒は見本となるモデルを目の当たりにするので、望ましい振る舞いについての理解が高まります。

このようにすれば、「あなたたちの学習はあなたたち自身のものである」というメッセージや、「学習センターを運営していく責任を共有したい」というメッセージを生徒に示せます。

管理職や教師によると、何人かの生徒は問題の解決者ではなくトラブルメーカーのように思えますが？

なぜ、その生徒は問題を起こすのでしょうか？　カンファランス[17]などを通して、その原因を探りましょう。もし、振る舞いが問題であるのなら、その行為が円滑な授業をつくることに寄与していないと伝えて、彼らの目標を達成するために、「教師である自分に何ができるのか」と尋ねましょう。

生徒の興味を知り、その内容やスキルに関連したコーナーへと誘導しましょう。生徒と関係をつくり、真剣に関心を抱けば、これまでとは違った視点が得られますし、彼らがそのように振る舞う原因が分かるかもしれません。生徒が授業や活動を楽しいと思うようになれば、反発は次第に少なくなっていきます。

問題を起こす生徒が前向きなことをしている場合は褒めてあげましょう。否定的な反応をするのではなく、肯定的なフィードバックをするのです。そして、その生徒に学ぶ準備ができてきたら、「課題をこなせると信じている」[18]ことを示すために小さな責任を与えましょう。学習センターのなかにおいて彼らが市民として成長していくのを助け、徐々に小グループやクラス全体での責任につなげていくのです。

---

(17)　原文では「confer」や「conference」が使われています。従来の教師が中心になる会話とは違い、生徒を主体にした短いやり取り（カンファランス）のことです。これについて知りたい方は、九五ページおよび前掲の『増補版・作家の時間』と『改訂版・読書家の時間』が参考になります。あるいは、下のQRコードのブログの左上に「カンファランス」と入力してください。大量の情報が得られます。

ハックが実際に行われている事例

ここで紹介するのは、著者の一人であるキャレンが六年生のエンリッチメント[19]で学習センターをはじめたときの経験です。彼女が試行錯誤したストーリーを読みながら、その一部を自分の教室においてどのように実践できるのかと考えてみてください。

学習センターを使うというのは、私にとっては決して新しいことではありませんでした。元々幼稚園で教えていた私は、園児を学びに夢中にさせ、軌道に乗せるために毎日学習センターを使っていたからです。とはいえ、英語（日本の国語）教師として中学校で学習センターを使った場合はまったく別の話となりました。

新しくできた中学校で、私は六年生の英語授業を三時間、エンリッチメントの追加授業を一時間担当することになりました。担当する学級が二クラスだったので、合計二時間の追加授業をしていました。一つのクラスは約二五人の生徒が在籍する定員いっぱいのクラスで、リーディング・ワークショップやライティング・ワークショップ[20]を行っていました。もう一つのクラスは約半分の生徒数で、一日おきに授業を行っていました。

この年は、二つ目のクラスにも二五人の生徒が在籍しており、やりがいのある挑戦もありました。というのも、二番目のクラスは、第一言語として英語を学んできた生徒ばかりではなく、さまざまなレベルの英語学習者が混ざっていたからです。

私は、次のように自問自答しました。

・すべての生徒のニーズを満たすためにはどうしたらいいだろうか？
・すべてのカリキュラムをこなす時間をどのように捻出すればいいだろうか？
・全員の成長を促すためにはどうすればいいだろうか？

---

(18) ここでの「市民」とは、「その地域に住んでいる人」ということ以上の意味をもっています。社会の構成員としての義務を守り、権利を行使することはもちろん、社会や地域の問題に当事者として関心をもつことや、周囲と協働して解決にあたろうとする姿勢、考え方の異なる相手とも合意形成しながら現状を変えていこうとする姿勢も含まれてきます。これを学校で練習しないで、どこで練習するのでしょうか？

(19) 学習面に問題を抱えている生徒の成績を向上させるために、学習や授業の時間を通常より増やすことです。学校に通う日数が増える場合や、始業前や終業後に授業が追加される場合、長期休暇中に授業が行われる場合、オンラインで課題が課される場合など、さまざまな形で行われます。

(20) アメリカでは、読み書きの授業が分かれていることが多いです。生徒たちは本当に書いたり、読んだりする形で学びます。前掲の『増補版・作家の時間』と『改訂版・読書家の時間』や、『イン・ザ・ミドル』（ナンシー・アトウェル／小坂敦子ほか訳、三省堂、二〇一八年）と『国語の未来は「本づくり」』ピーター・ジョンストンほか／マーク・クリスチャンソンほか訳、二〇二一年）が参考になります。

・（半分冗談で）授業を行うために、どのように自分を変身させればいいだろうか？　実際に、そのようなことは可能だろうか？

このような自問自答が、幼稚園の教師をしていたころの体験を思い出すきっかけになりました。学ばせたい指導事項に焦点化したさまざまな活動を用意して、いろいろなコーナーをつくることが園児にとっては効果的でした。一方、中学校における二つ目のクラスでは、生徒がすでに小グループで活動していたので、それに少し手を加えるだけでよかったです。

六年生の指導事項に向けて、気が散ったり、課題から逸脱して何も達成できないという状態に陥らず、私が信頼している年長の生徒たちでコミュニティーをつくることはできるでしょうか？　それぞれのメンバーが自らの学習に責任をもち、授業に夢中になれるようなアイディアを提案し、活発に思考し、読む人、書く人になるためのスキルを身につけられるでしょうか？　挑戦してみるだけの価値があると思いませんか。

こうして、六年生のクラスで学習センターを使うというアイディアが生まれました。この教え方をはじめる前に、私は校長に相談しました。幸運なことに校長は、リスクを冒してでも教師が新しい活動に挑戦することを応援する人で、ほんの少しの工夫で物事の改善が図れる気づきと素晴らしいアイディアをもっていました。

第一ラウンド

まずは、生徒が取り組む課題に基づいて教室を設営しました。設置したのは、「アート・コーナー」、「ライティング・コーナー」、「秘密の読書コーナー」、「テクノロジー・コーナー」の四つだけです。

テクノロジー・コーナーの生徒には、期日までに基礎評価を完了させるようにと求めました。[21] そのため、このコーナーでは、期日までにすべての測定が終了できるように最大限の人数を配置しました。

ライティング・コーナーでは、生徒が書けそうなテーマを設定し、作文コンテストを行いました。一方、アート・コーナーでは、「お互いを知りあおう」プロジェクトを行いました。生徒たちは、自らの趣味や興味、性格、長所、将来の目標、お気に入りの本などについて作品で表現していきました。そして、秘密の読書コーナーでは、本棚にある本や持参した本を読めるようにしました。

「きっとうまくいくだろう」と私は思っていました。各コーナーでは、物語を読んだり書いたりするほか、測定結果をまとめること、作品製作など、具体的な成果が求められていました。私は、

（21）何らかの実験や働きかけを行う際に、それらを行う前の現状を分析したり把握したりすることを指します。

購入した案内板と制作したワークシートを使って、生徒が各コーナーで何をやればいいのかが明確になるように努めました。そして、それぞれの生徒が成し遂げる必要のある内容や収集した個人データを参考にして、各コーナーに生徒を配置しました。

生徒も私も準備万端のはずでした……。次に何が起こるのか、私は予想もしていませんでした。大失敗でした。生徒は、ライティング・コーナーで何をすればよいのか分かりませんでした。アート・コーナーではおしゃべりが多く、課題に集中していませんでした。また、コンピューターの不具合に対応したり、生徒の活動を助けたり、説明をするために、私はほとんどのコーナーから引っ張りだこという状態になりました。さらに生徒は、完成させた作品をどうしたらよいのかと戸惑っていました。一つのコーナーで活動を終えたあと、次に進むコーナーが満員で行く場所がなかったのです。

うまくいかないときというのはそんなもので、私は泣きださんばかりでした。この騒ぎを忘れたい、とまで思いました。教材の準備や活動計画に多くの時間を費やしたにもかかわらず、授業は思ったように進まなかったのです。なぜでしょうか？

私にはサポートが必要でした。そこで、サックシュタイン先生に来てもらい、何が悪いのかを見てもらいました。そして、この学習方法を改善するためのプランを二人で考えました。サックシュタイン先生は、「生徒にとってもっと使い勝手のよいコーナーをつくって、授業中でも別のコーナーに移動できるようにしたほうがよい」と提案してくれました。また彼女は、「計画どおりではないかもしれないけど、確かに生徒は夢中になっているし、課題を成し遂げている」とも言いました。

もっともうまくいったコーナーは、生徒自身が取り組みたいものを自由に選べるコーナーや楽しいコーナーでした。たとえば、秘密の読書コーナーはいつも満員でした。

こうした振り返りを通して、秘密の読書コーナーにたくさん行く理由の一つとして、ビーンバッグチェアやロッキングチェアがあるからだということに気づきました。要するに、ほかのコーナーにも生徒を惹きつけるだけの要素が必要だったのです。

さらに、各コーナーの人数を減らすために、コーナーの数を増やす必要がありました。そこで、さまざまな語彙学習ゲームで遊べる「ゲーム・コーナー」を新設したのです。このコーナーは、同僚からもらった一〇枚のスクラブルボード（二四ページの**訳者コラム**参照）を設置しただけという簡単なものでした。

第二ラウンド

第二ラウンドにおける学習センターのアイディアは、ブレインストーミングから生まれました。各コーナーで、三〇～四〇分程度でできる活動を開発する必要がありました。どの活動もほぼ同じ時間で行うことができ、教えることになっているカリキュラムに沿った目標を生徒にもたせる必要がある、と考えました。

そこで第二ラウンドでは、「テクノロジー」、「秘密の読書」、「アート」、「ライティング」、「ゲーム」という五つのコーナーを設けて、それぞれ五人以下の生徒ではじめられるようにしました。また、誰となら協力できるかということや、一人ひとりの能力を考慮したうえで生徒を配置していきました。

一つのコーナーでの活動が終わったら、空きがあればほかのコーナーに移動できるようにしました。そして、学習センターでの活動を行う前に、各コーナーで期待されることをミニ・レッスンの形で示して、その活動が試せるようにもしました。こうして、活動の不備を見抜いたり、予期せぬ問題を解決したり、追加の指示を出したりする時間を確保したのです。

今振り返ってみても、第二ラウンドは前回よりもずっとよかったと思っています。活動のルーティーンができはじめたからです。

教室に入ってくると、生徒は各コーナーの案内板をチェックし、課題シートに日付を記入して活動をはじめます。私は助手席から生徒を導くガイド役となって、各コーナーを見て回り、それぞれの様子を観察し、サポートを必要としている生徒のところへと移動します。驚いたのは、「スクラブル」のルールについてミニ・レッスンをしていたにもかかわらず、多くの生徒がゲームのやり方を知らなかったことです。このような観察結果を記録して、目標が達成できるように次の授業にいかしていきました。

ちなみに、学習センターの配置図をつくる際、各コーナーに次のような名前をつけました。

・赤のテーブル＝**ライティング・コーナー**
・緑のテーブル＝**ゲーム・コーナー**
・紫のエリア＝**テクノロジー・コーナー**
・カーペットのエリア＝**秘密の読書コーナー**
・青のテーブル＝**教師のテーブル**
・黄色のテーブル＝**リスニング・コーナー**

配置図には、各コーナーの活動と授業のねらいがどのように結びついているのかを生徒に思い出させるために、到達目標が書ける枠を追加しています。また、ミニ・レッスンの時間を欠席した生徒や、教師からの促しが必要な生徒のために、目標を達成するための活動ステップも書き足しました。

さらに、振り返りの時間も設けました。最後の五分間、その授業で何を達成したのか、どれくらい前向きに取り組んだのか、うまくいったことは何か、今後も使えそうな学びの方法は何かなどを生徒が書いていきました。この振り返りの内容によって私は、生徒が活動に対してどのように感じていたのかが分かり、生徒の自己評価に基づいて次の目標を設定しました。

第三ラウンド

第三ラウンドでは、アート・コーナーに粘土を数パック追加して、「粘土を使って何ができると思う?」と質問しました。この質問は、「粘土を使って物語の要素を表現するとしたら何がつくれそうか?」という話題に発展していきました。ちなみに、生徒が考えたのは次のようなものでした。

・人物の造形
・重要な場面（時間や情景）設定
・物語に登場する道具

私が読んでいた小説と粘土を使って、生徒にどのような成果を期待しているのかをモデルとして示しました。海に浮かぶ船と、失くした指輪を探している人物をつくり、簡単な説明とともに紙皿の上に載せました。プロジェクトのための空間を設定していると、ある生徒が「窓を使ってアートギャラリーを開こうよ。プロジェクトの成果を窓の外側に向けて並べれば、保護者が作品の見学に来られるよ」と提案しました。

このコーナーでの活動に生徒は熱意を示し、作品を制作し、完成品を飾ることに全力を注ぎました。この活動は、生徒が活動のアイディアを提案し、それを実現するために協力しあっていくというコミュニティーづくりの第一歩ともなりました。

第四ラウンド

学習センターに展示するための本を探しているとき、クローゼットからオーディオブック（音声で読める本）が出てきました。そこでひらめいたのが、ヘッドフォンを使ってのリスニング・コーナーです。ヘッドフォンは、いうまでもなくほかのコーナーから聞こえてくる雑音を遮断し、本に対する集中力を高めてくれます。

私は、ブッククラブを行っている生徒が一緒に本を読み、語りあっている姿をイメージして、翌日に「本を読み味わう」という活動をはじめました。五つのテーブルを用意して、各テーブルに同じ小説のコピーを五部ずつ並べました。読む小説は、『いじめっ子（The Bully）』[22]、『席をとっておいて（Save Me a Seat）』[23]、『スタンフォード・ウォンの大失敗（Stanford Wong Flunks

Big-Time』[24]、『壊人』（レックス・ミラー／田中一江訳、文藝春秋、二〇〇三年）、『ルール！』（シンシア・ロード／おびかゆうこ訳、主婦の友社、二〇〇八年）の五冊です。

そして、ミニ・レッスンでは、次の四つが大切だと改めて教えました。

・本の表紙と裏表紙、第一章を読む。
・本のイラストを見る。
・ほかの人のレビューを確認する。[25]
・五本指ルールに従う。

五本指ルールとは、小学生が自分の読書レベルにあった本を選ぶための方法です。本のページをランダムに開いて読みます。知らない単語を見つけるたびに、指を一本ずつ立てていきます。ページの終わりまで読んで指が〇本か一本しか立っていない場合は、その本は簡単すぎる本となります。二本〜三本の指が立てば、まさにピッタリの本となります。四本〜五本の指が立っている場合は、その生徒にとっては難しすぎる可能性があるので、ペアやグループで一緒に読んだり、オーディオブックで読んだりするとよいでしょう。

オーディオブックは、読み進めるうちに必要になるかもしれないので、あらかじめブックリストに入れておくようにしましょう。

私は生徒に、「どの本に興味をもち、どの本には興味をもたなかったのか、その理由は何か、読みたい本の第一候補と第二候補をノートに書くように」と言いました。生徒は各テーブルに六分間滞在して本を読み、メモをとり、次のテーブルへと移動していきました。授業の終わりには、全員がすべての本を「味わってみる」ことができました。

教室を回っていると、何人かの生徒が出口チケット（振り返りカード）とルーブリックを作成しているのに気づきました。その出口チケットはとても整理されていて、スマイルマークが使われるなど、私が想定していたものよりもよい出来栄えのものになっていたのです。そのとき、次のようなことを思いつきました。

(22)　南カリフォルニアにあるブルーフォード高校（架空）を舞台に、十代の若者が直面している困難を描いたシリーズ小説です。『The bully』はその五巻目となります。

(23)　学校で自分の居場所を見つけられないジョーとラヴィが、クラスのいじめっ子に挑むという物語です。

(24)　バスケットボールの天才スタンフォード・ウォンは、六年生の英語に落第してしまいます。母親が家庭教師として天才少女ミリセントを雇うところから、友情や家族をテーマとした物語が展開していきます

(25)　「読書メーター」や「ブクログ」で本の名前を検索すると、一般読者の感想や評価が読めます。ほかにも、「読書好日」、「ALL REVIEWS」、「Book Bang」、「HONZ」、「書評空間」では、書評家や書店員による書評が掲載されています。

❶生徒がつくった出口チケットを翌日の授業で使おう。
❷アイディアが素晴らしいので、出口チケット以外のデザインについても生徒が手伝ってくれるかもしれない。

彼らは、どのようなコーナーをつくればいいか、どのようなテーマについて読んだり書いたりするのか、一一歳の生徒を刺激してやる気にさせるものは何か、興味があることや趣味は何なのかといったことについて、新しいアイディアを私に与えてくれるかもしれないのです。

生徒の出口チケットを分析したところ、読み手としての自分をよく知っていることに驚きました。ほとんどの生徒が、自分にピッタリの本を選んでいたのです。もちろん、いくつか気になるものも

本を評価するためのルーブリックを作成する生徒

ありましたが、オーディオブックで足場づくりをしたり、読む本を替える機会を設けたりするなどして見守り続けました。こうして「秘密の読書コーナー」は、その後、数回のローテーションを行うほどの進化を遂げていったのです。

一年間で八回のローテーションを行いました。最後の二サイクルは、学びの集大成として「才能を磨く時間」(26)に取り組みました。生徒は、リー・アラオズ氏(27)が考案したチョイス・ボード(28)から、自分が探究したいテーマを三つ選んでプロジェクトを行いました。テーマの候補は「エンゲージ・ニューヨーク」に示されている学習モジュール(29)に沿ったもので、そこには「いじめ防止」、「リ

(26)「才能を磨く時間」は「genius hour」ないし「genius project」とも呼ばれ、生徒一人ひとりが自分の興味関心やこだわりに沿ってテーマを選び、探究するプロジェクトを指します。『あなたの授業が子どもと世界を変える』(ジョン・スペンサーほか／吉田新一郎訳、新評論、二〇二〇年)や『教育のプロがすすめるイノベーション』(ジョージ・クーロス／白鳥信義ほか訳、新評論、二〇一九年)でも紹介されています。

(27)(Lee Araoz)ニューヨーク州の教育改革者および教師教育者で、生徒が情熱をもって学ぶことを助ける最先端のテクノロジーを紹介しています。彼のHPは「The golden ege of education」で検索すると閲覧できます。

(28)チョイス・ボードとは、授業で生徒に追究させたいテーマや取り組ませたい活動を一覧にしたもののことです。「Digital Choice Boards」で検索するといろいろなものが見れます。

(29)「エンゲージ・ニューヨーク」では、ニューヨーク州の英語と数学の到達目標や学習コンテンツがまとめられています(https://www.engageny.org/)。「環境の維持」といった具体的なテーマを追究するなかで読み書きやコミュニケーションの技術を学ぶ仕組みになっており、一つ一つのまとまりを「モジュール」と呼んでいます。

デュース・リユース・リサイクル」、「健康習慣」などが含まれていました。

　そのテーマを選んだ理由、そのテーマについて知っていること、問題になっていること、そして気になっていることを書いたあとに探究をはじめました。この授業では複数の検索ツールを使っており、生徒はテーマに関連した記事や論文を探せます。「エンゲージ・ニューヨーク」では、おすすめの記事や論文がデジタルで公開されています。そのため私は、多数の記事や論文をコピーする手間がなくなり、時間の節約ができました。教師は、これらのツールや資料を無料で利用することができます。

　このコーナーで学ぶ前に、私たちの地域で利用できるオンライン・データベースの使い方を生徒に教えました。このデータベースが、テーマに関連した記事や論文の検索を助けてくれます。これについて教えるときには、生徒が利用できるデータベースについて、図書館メディア・スペシャリスト[30]に相談することをおすすめします。

　また、この授業では「スカラスティック・スコープ」や「スカラスティック・ニュース」といった雑誌も使用しました[31]。この二つの雑誌を使って時事問題の記事にアクセスするためには、クラスで定期購読をする必要があります。これらの雑誌には、幅広いジャンルに関するさまざまなフィクションとノンフィクションが掲載されていますので、購読するだけの価値が十分にあります。

生徒がプロジェクトに夢中になっていくにつれて、興味深い出来事が起こりはじめました。生徒たちが自らに宿題を課すようになったのです。探究の内容をまとめる模造紙を自宅に持ち帰って、探究を続けだしたのです。

多くの生徒が、「自宅でプロジェクトを進めてもよいか？」と尋ねてきました。生徒は授業の最初から最後まで取り組み続け、授業が終わるとガッカリしていました。そのような光景を見ていると、とても不思議な気持ちになりました。

もちろん、意欲に満ちていた生徒だけではありません。しかし、あまり意欲を示さない生徒であっても、ほかの生徒が熱心に取り組んでいる姿に刺激されて課題をこなし、最後に行う発表会の作品をつくりあげていったのです。

(30)　デジタルも含む情報資源を活用する能力を育むために、教師と協力してカリキュラムや授業の開発にかかわる専門職員のことです。アメリカでは、二〇〇七年以来、各学校に一人以上のメディア・スペシャリストが置かれるようになりました。日本では学校図書館司書教諭が同様の職務を担っていますが、教科担任との兼任となることが多く、負担が大きいこともあり、メディア・スペシャリストのような取り組みは一般化していません。

(31)　スカラスティック社の教材の一部については、日本に取り寄せることもできます（https://www.smarted.jp/item/scholastic/）。もちろん、英語の教材です。また、世界的に話題となっているテーマに関する記事を集めた日本語で読める雑誌として『ナショナル・ジオ・グラフィック』や『ニュートン・ライト』があります。中学三年生～高校生であれば読める難易度です。訳者の一人は、大学の授業で使っています。

残念なことに、私は発表会には参加できず、生徒が「才能を磨く時間」に注ぎこんだ努力の成果を披露する場には立ち会えませんでした。後任者によると、発表会の開催方法や、どのように互いの作品を見せあうかについても自分たちで決めていったそうです。

生徒の探究内容をまとめた作品はテーマごとに集められ、テーマに沿った複数のコーナーが設置されたようです。生徒はギャラリーウォーク形式[32]でクラスメイトの作品を鑑賞し、感心しながらコメントを出しあっていたと聞きました。

これらの作品は教師が保存し、今後のために利用されていきます。食堂や廊下、メッセージボードに展示し、次年度に同じプロジェクトを行う後輩たちが参考にするのです。

多くの場合、教師が生徒を必要以上にコントロールしないという状態は簡単なことではありません。しかし、生徒が十分にその役割を担えると分かっていれば簡単になります。すべての教師は、生徒が楽しんで学ぶ姿を目の当たりにしたいと望んでいるはずです。学習センターを使えば、生徒が楽しんで学ぶ機会がつくれるのです。

学習センターを中心とした教室づくりへの旅をはじめる際には、次の問いを念頭に置いておく必要があります。

❶教室における意思決定について、どの程度自分がコントロールしていますか？
❷どの段階であれば、意思決定に生徒を参加させられますか？　そして、活気にあふれた環境の実現に向けて、どのように協力しあえますか？
❸生徒がより自立的になるために、どのようなシステムを取り入れると効果的でしょうか？

これらの問いを通して生徒のオウナーシップを高め、本物となる学びの経験を全員に生みだしていくための新しい教室環境へのアプローチを考えてください。

---

(32)　教室内や付近の廊下などにお互いの作品を展示し、交流するという活動です。

ハック2

空間をデザインする

学びを刺激する場をつくる

すべての建築物は人々を保護する。
すべての偉大な建築物は、
人々を包みこみ、抱きしめ、高揚させ、
刺激しさえするものである。

（フィリップ・ジョンソン）*

（＊）（Philip Johnson, 1906〜2005）アメリカのモダニズムを代表する建築家です。

問題 伝統的な教室では夢中になれない

中学校や高校では、廊下に同一のロッカーがずらりと並び、壁はベージュやクリーム色、あるいは水色になっているというのが一般的です。にぎやかな生徒であふれている廊下も、空間そのものは殺風景に見えます。授業時間になると立方体の教室に生徒が入ってくるのですが、その壁には、最小限の装飾や市販のポスターしか貼られていません。

アメリカでは、学校制度がはじまって以来、一人用の狭い肘掛けのついた机がずっと使われてきました。このような空間に生徒を閉じこめると、「生徒は一人ひとり孤立しており、教師に服従する存在である」というメッセージを発することになります。

このような机の配置は、不快で息苦しいものです。掲載した写真のように、机が部屋いっぱいに並んでいる光景をイメージしてみてください。生徒の創造力を刺激することはできるでしょうか？　できるはずがありません！

伝統的な教室の机の配置

クラスメイトの後頭部をいくら見つめても、学びに夢中になることはありません。生徒を一列に座らせるということは、クラスメイトとの共同作業をやめさせ、教室の前方に注意を向けるように要求するということです。仮に、生徒が静かに同じ方向を向いているとしても、彼らが学びに夢中になっているとはかぎりません。多くの場合、まったく逆です。このような古い常識はもう通用しません。これは、まぎれもない事実です。

ハック 空間をデザインする

生徒が学びを自分事としてとらえ、クラスメイトと協力して学ぶことを願うのであれば、教室空間から変えていく必要があります。多くの生徒を刺激するために、私たちはその日ごとに空間をデザインする必要があります。少人数で使える円卓や馬蹄形をしたテーブル、ビーンバッグチェアや一人用の座椅子、そのほか、可動式の道具や色彩をすべての教室に取り入れるのです。そうすれば、生徒は多様な活動を並行して進め、夢中になって学べるようになります(1)。

学習センターを成功させるためには、機能性に目配りする必要があります。教室の道具を移動させ、学習サイクルごとに定期的につくりかえれば、すべての生徒のニーズに対応できます。高価なものを用意する必要はありません。あなたの教室に合ったさまざまなプランを検討し、設計してみましょう。教室の横にある廊下が使えるようであれば、その空間の利用を工夫してみましょう。また、生徒に空間設計に参加してもらうと、そこが「全員の空間」となります。どこに何を置けば魅力的な空間になるのかについて、提案とともに実行性のあるプランを生徒が考えてくれるでしょう。

クラスのみんなが使える本やゲーム、椅子、枕などを持ち寄るように働きかけてみましょう。また、学習センターを柔軟につくりかえて、整理整頓ができるように、生徒が必要に応じて物品を持ちだせるようにしましょう(2)。

もちろん、教室の大きさや形に制限があることは分かっています。しかし、その四つの壁のなかで、どうすれば夢中になって学べるのかを思い描く必要があります。生徒の取り組みや好奇心を刺激し、自分の考えが空間の一部にいかされているという感覚をもってもらうために、生徒の作品やアイディアを学習センターに取り入れていきましょう。

あなたが明日にでもできること

理想の空間をつくるためには時間がかかります。ここでは、あなたが意図した成果を生徒が生みだすための最適な空間づくりについて、すぐにでもできる方法を紹介していきます。

最適な配置を決める

各コーナーは、それぞれ最適な空間にしておく必要があります。生徒について知り、各コーナーの適正人数を決めれば、部屋の配置が思い描けます。空間の設計に多くのお金をかける必要はありません。すべての生徒が夢中になって学ぶために必要なものを確実にそろえられるよう、既存のものを最大限にいかすようにします。

たとえば、本棚やファイル・キャビネット、教師と生徒の机といった可動式の備品を使って、大人数では使えない狭い空間や居場所をつくったり、騒音を軽減するために空間を分割したりし

（1）工夫を凝らした空間の配置によって人の行動や思考を刺激するという方法は、幼児教育やデザイン工学の分野では当たり前のように行われています。たとえば、幼稚園や家庭、小児病棟における空間づくりについては、「環境づくりのリゾームサイト」（http://rhizomesite.com/ryoiku/）からさまざまなアイディアが得られます。学校教育においても、こうした発想が必要かと思います。

（2）翻訳協力者から次のようなコメントがありました。「日本の学校教育は均質性を求める文化が根強いと思っています。とくに中学校では、教科担任制ということもあり、小学校よりも、こういった教室デザインに関する実践が少ないように思います。中学校でこういった実践を行っていくためには、個人ではなく、学年や学校といったチーム単位での導入が必要だと思いました。また、このような学習者中心の教育について、保護者の理解が得られることも大事だと思います。まだ保護者の多くは、教師の明確な指示のもと、子どもが背筋を伸ばし、話を聞き、挙手をし、発言するという伝統的な一斉授業を見て、エラーがないことを感じ、『ああ、この先生はしっかりしている』や『うちの子はしっかり学べている』と判断するのではないかと思います」

てもよいでしょう。また、三つ折りのボードを境界や壁として使用し、言葉の壁やポスター、生徒が書いた出口チケット（三三ページの注参照）などを掲示して、魅力的な雰囲気を演出すると⑶いったことも考えられます。

さらに、床に座って快適に取り組めるように、四角いカーペットやヨガマットを敷いてもよいでしょう。その上に、さまざまな素材や本、記号やポスターを籠に入れて置いておけば、生徒の好奇心を刺激し、学びをはじめるためのいろいろな「きっかけ」が用意できます。

複数の配置図を用意する

配置図をつくるときには、教材や道具をどこに置けば、各コーナーの生徒がそれらを一番使いやすくなるかについて考える必要があります。たとえば、CDプレイヤーやChromebook、iPadの電源が必要な場合は、いうまでもなくコンセントの近くに置かなければなりません。

あるときはCDプレイヤー、あるときはiPadとヘッドフォンなど、ローテーションのたびに、学びに応じた教材や道具を置いてください。これまでとは違った教材や新しい道具を目にすると、生徒は興味をそそられ、そのコーナーに入ってみようという気になるものです。

生徒が成果物を完成させたときのために、展示用の場所をあらかじめ確保しておきましょう。たとえば、模型などを飾る棚や窓辺、作成したものを貼る掲示板やポスター、出口チケットを入れる籠などが考えられます。数回の授業を通して修正ができるように、空間にはゆとりをもたせてください。

各コーナーの成果物を互いに見合うことで、生徒は自分の成果物をさらにつくりかえたいと思うようになります。また、成果物を介して会話が弾むため、より魅力的な空間にするための創造的なアイディアも生まれやすくなります。空間が魅力的になればなるほど、ほかの生徒までそのコーナーに引きこめます。

学習センターをつくる前に、どのような教室をつくろうとしているのかを、簡単な配置図を使って生徒に視覚的に示します。学びが楽しくなるような名前を各コーナーにつけるように呼びかければ、学習センターづくりに生徒を参加させられます。教室には、次の学びへの冒険に向けて、空間づくりに興味を示す生徒が必ずいるものです。そうし

(3)　生徒が学んだ単語を一覧にして、いつでも見られるように貼りだしたものです。頭文字ごとに単語を分類するのが一般的なようです。詳しくは「Word Wall」で検索してください。

学習センター方式の配置にした6年生の教室

た生徒を、周囲を巻きこむ「キーパーソン」としていかせば、教師一人でテーブルや椅子を動かすといった労力も軽減できます。

散らかったものは片づける

ほとんどの教師は、自他ともに認める「溜めこみ屋」です。予算や資源がかぎられた学校では、一度手に入れたものを手放したくないからです。しかし、いつ必要になるかも分からないようなものでかぎられた空間を埋めてしまうと、「すぐに」必要な床や収納スペースが失われてしまい、生徒の集中力を途切れさせてしまうという危険性があります。生徒の助けを借りて、学びに必要なものとそうでないものを区別し、使わないものは同僚に譲るか、共有するか、もしくは処分しましょう。

つまり、自分たちの学びに必要なものを取捨選択するプロセスにも生徒を参加させるということです。私の経験から言うと、二年間使われていないものは移動させてもよいものです。そうすれば、学びに夢中になれる魅力的な空間をつくるための十分なスペースが確保できます。

「欲しいもの」リストをつくる

「欲しいもの」リストを作成して仕事場に貼っておくと、アイディアが浮かんだときに書き留められます。リストをデータにしたり、欲しいものを写真に撮っておくというのもよいでしょう。また、生徒が夢中になり、相互にやり取りができるコンピューター・プログラムを長時間使用するためにはサブスクリプション契約が必要となりますが、これもリストに入れておくとよいでしょう。いずれにせよ、買いすぎてしまわないように、学習センターに一番必要なものは何かを生徒に尋ねるようにしましょう。

リストができたら、意外な場所でそれらが売られていないか目を光らせましょう。近所の図書館に行ったときには、本やオーディオブックを売っているコーナーがないかを確認します。街中をドライブしながらヤードセール(4)に目を向けます。割引商品が置かれたラックや一ドルショップをチェックして、生徒がコーナーに入りたくなるようなアイテムを探してみましょう。

さらにいえば、リストにあるものを持っているかどうか、それを借りられるかどうかを生徒に尋ねたり、「学びに夢中になれる教材などについて何か提案がないか」と尋ねてみましょう。

校務員に協力してもらう

各学校にいる校務員は、学校内の隅から隅まで熟知しています。片隅に押しこまれたまま、忘

（4）　自宅の庭（yard）やガレージを利用して、不用品を売りだすフリーマーケットのことです。

れられてしまっている備品のことも知っています。お菓子や好きな飲み物を用意して、校務員に相談してみましょう。

学校の備品の多くは古くなっていますので、ペンキを塗ったり、安いテーブルクロスをかけたりなど、少しの愛情をかけながら修繕する必要があるかもしれません。しかし、それらの行為によって教室が一変し、学習センターにおける学習意欲を高めることができます。

完全実施に向けての青写真

ステップ1　学習センターを見直す

学習センターに必要なものを全部集めて、すべてのコーナーを一周できる部屋をデザインすれば、五〜六日間の授業準備は完了したようなものです。その際には、コーナーの広さや、教材や教具の量を検討することが大切です。

学習センターを機能的で夢中になれるものにするためには、各コーナーにどれくらいの広さが必要でしょうか？　混雑しすぎて生徒の集中力を削がないようにするためには、各コーナーの定員（上限人数）をどれくらいにすればよいでしょうか？　楽しんで学びが進められる最適な部屋の配置について生徒に相談するとともに、教師自身も改めて考えてみましょう。

ステップ２　学習センターを実際につくる

教師や生徒が活動するためにはスペースが必要です。実際に学習センターをつくるときには、備品にぶつかったり、立ち往生しないように、全員が自由に動き回れるかどうかを確認しましょう（それらは学びの妨げになります）。配置図を壁に貼るなどして、ペア活動や一斉授業用の教室を学習センターにつくりかえる方法を視覚的に示すと、生徒は手伝ってくれます。

必要な教材や道具が用意された理想的な空間を手にすれば、目の前の課題に生徒は集中しますし、自らの能力を限界まで引き出し、最終的な目標をつくりだすことすらできるのです。学習センターでの学びをはじめたら、配置の変更案をつくるようにと、定期的に生徒へ依頼します。実際にコーナーで活動しているのは生徒ですから、快適な空間の使い方について素晴らしいアイディアが出てくるでしょう⑤。

どの教科を担当していたとしても、必ず達成しなければならない「核」となる目標に向けて、必要最小限の学習センターの設置が可能です。最初は、リーディング、ライティング、リスニング、テクノロジー、ゲーム、アートのコーナーをつくるとよいでしょう。

ただ、生徒が変更案をつくる際には、安全基準を満たしているかどうか、非常口へのルートが遮られたり、制限されていないかなど、教師の確認が必要となります。

活動に必要な教材や道具は各コーナーの近くに置き、簡単にアクセスできるようにしましょう。籠や大きな箱、組み立て式の箱などは、道具を保管するのに便利です。靴箱やコピー用紙の箱をラッピングして、リサイクルするというのもよいでしょう。コーナーと箱の色をそろえておくと、教師だけでなく生徒も整理しやすくなります。どの道具をどの箱に保管すればよいのかが分かりやすくなり、後片づけも楽になるでしょう。

ステップ3　個性的なコーナーをつくる

どの教科を担当していたとしても、必ず達成しなければならない「核」となる目標に向けて、必要最小限の学習センターの設置が可能です。最初は、リーディング、ライティング、リスニング、テクノロジー、ゲーム、アートのコーナーをつくるとよいでしょう。(6)

従来の一斉授業において、これらの領域すべてを教えることは可能でしょうか？　生徒の興味を最大限まで引き出せるような教え方を改めて考えてみましょう。たとえば、次に挙げるような個性的なコーナーをつくってみてはいかがでしょうか。

リーディング・コーナー

ここでは、教科やテーマについての本や記事を集めた図書コーナーをつくります。生徒がこのコーナーに引きつけられるように、展示方法を工夫する必要があります。籠やブックスタンド、陳列棚を使うとコーナーが魅力的になります。生徒自身の学びに沿って図書館を利用し、一度読んだ本でも「読み直すように」と促します。

テクノロジー／リスニング・コーナー

このコーナーでは、調べものをしたり、ゲームの結果を評価したり、オーディオブックやビデオクリップを視聴します。安価なヘッドフォンを置いたり、生徒のイヤフォンを持参させるとコーナーでの学習に集中でき、ミニ・レッスンで学んだことを個別学習にいかす機会がもてます。

（5）翻訳協力者から、「大学の学生もそうですが、学ぶ方法や進め方などについて提案を求めたら、私たちが思いつかなかったようなよいアイディアをもっている場合が多いですね」というコメントが届きました。訳者が教えている学生のなかにも、Youtube の動画を使って勉強している学生がいました。私たちが思っている以上に、生徒や学生は自分に必要な内容や方法を選ぶ（つくれる）ことを示すエピソードだと思います。

（6）原書では、「basic」という言葉が使われています。「基本の」とか「必要最小限の」という意味がありますが、ここでは「暫定の（あとでつくりかえる）」というニュアンスも含まれています。

ライティング・コーナー

このコーナーは、プロセス・ライティングとプロダクト・ライティングで使えます（「ハック5」の「完全実施に向けての青写真」のステップ2で詳しく説明しています。一五九ページ）。ここでは、ポスターやエッセイ、詩、脚本、短編小説、実験報告、数学の問題、振り返りなどに生徒が取り組みます。そのほかにも、学習センターでの学びやライティング・ワークショップに「メイカー・スペース」(7)を取り入れるという素晴らしいアイディアがあります。

ゲーム・コーナー

市販されているゲームがカリキュラムに合っている場合は、教師や生徒がつくった簡単なゲームと一緒にこのコーナーに置いてください。「ボキャブラリー・ビンゴ」や「マッチ」、「パスワード」（左の

ターウィリガー先生の教室でのリスニング・コーナー（掲載許可を得ています）

訳者 Column ▶　ゲームの説明②

ボキャブラリー・ビンゴ——次のような手順で行うゲーム。①文章から、知らない、面白いと思う、難しいと思う単語を選びだし、全体で意味を確認する。②４×４のマス目に好きな順番で単語を書きこむ。③生徒は一人ずつ単語を選び、ヒントを出していく（類義語や対義語、穴埋め文など）。④ほかの生徒は該当する単語を答え、正解したら全員が単語を消していく。
マッチ——ある問題に対して何人の生徒が正解できるかどうかではなく、答えを一致させられるかどうかで競う。
パスワード——いくつかのチームに分かれて行われるゲーム。まず、各チームの一人にある言葉（パスワード）が伝えられる（パスワードはチームごとに異なる場合もある）。次に、パスワードを受け取った人は、同じチームの人に「一語」でヒントを与える。５秒以内にパスワードを当てられなかった場合は、次のチームに解答権が移る。

訳者コラム参照）、「ジェパディ」（二四ページ参照）などは専門的な語彙を使用するので効果的です。
ミニ・レッスンの際、ゲームで使うカードや質問をグループでつくって、グループ全体で遊びながら紹介していく場合もあります。その後に、ゲーム・コーナーでじっくりと遊ぶ機会を設けます。

（7）（Makerspace）生徒がハイテク機器やローテクの道具を使って「モノづくり」をするなかで、新しく学んだ技術や概念を応用しながら探究や試行錯誤を行い、その成果物を共有する空間のことです。『作ることで学ぶ』（シルビア・リボウ・マルティネスほか著／阿部和広監修、オライリージャパン、二〇一五年）でも紹介されています。次ページ参照。

アート・コーナー

理科や社会科の授業で「アート・コーナー」を設置し、粘土や雑貨、ガラクタで模型などがつくれるようにします。ジオラマや新聞の連載漫画、ポスターなどを置いて、生徒を引きつけましょう。

メイカー・スペース

このコーナーには、生徒が自分の手を使って何かをデザインしたり、組み立てられるようにさまざまな雑貨やガラクタを置きます。

最初は、レゴやリンカーン・ログ[8]、廃材、布切れ、ケネックス[9]、ビーズ、簡単に扱える工具などを置くとよいでしょう。コーナーを発展させるために、生徒が材料を持ってくることも許可しましょう。

ゲーム・コーナー（バナナグラム）で学習している生徒

アート・コーナーでやり取りしているターウィリガー先生と生徒

学習センターをはじめた段階では、生徒が圧倒されたり、混乱を来さないように、各コーナーで一つの活動を行うことからはじめます。生徒がうまくやれるように活動手順を事前に教え、モデルを示しましょう。そうすれば、生徒は活動で期待される内容を視覚的に理解しますし、教師からの支援も減らせます。

教師自身が各コーナーの活動を実際に体験し、シミュレーションを終えるまでに、平均すると一日～二日かかります。これを行っておけば、生徒が学習センターでの活動をはじめる前に、モデルや例を示したり、出口チケットについて説明したり、質問に答えるための準備ができます。このような配慮は、生徒に活動を試させ、一つ一つの内容を消化させながら次の活動の紹介へと進むためにも大切です。年度が進んでいったら、生徒自身にもう一度取り組みたい活動を選ばせるようにするとよいでしょう。

ステップ4　生徒を観察する

基本的な配置図とガイドラインがひとまず決まったら、各コーナーで生徒を活動させてみまし

（8）木製の丸太を組み立てて小さなログハウスをつくる玩具です。エイブラハム・リンカーンにあやかって名づけられました。

（9）（K'Nex）プラスチック製の棒状の部品を連結させながらいろいろな物体を組み立てていく玩具です。

ょう。彼らの声やフィードバックを参考にして学習センターを修正するのです。チェックシートを作成し、各コーナーで生徒が経験している成功や困難について書き留めていきます。生徒も自身の学習を振り返ることになりますので（「ハック5」で詳しく説明します）、あなたの観察と生徒の振り返りを参考にすれば必要に応じた修正が加えられます。

ステップ5　生徒をデザイン・パートナーにする

教師がお願いすれば、生徒は忌憚のない意見を言ってくれるものです。各コーナーでの生徒の経験をより良いものにしたり、もっと夢中になって学べるものに改善するために、「みんなの率直なフィードバックが必要なのだ」と伝えましょう。回答を整理してくれるアンケート・ツールを使って調査を行うのもよいでしょう(10)。

一定期間の活動全体を振り返る時間に、「フィードバック」についての設問も加えるとよいでしょう。もちろん、物理的なスペースはかぎられているのですが、学習センターを設置したり発展させたりするために、生徒の意見を参考にして、彼らのニーズと合致しているのかどうかを確認するのです。次に示すのは、そのような意見を集めるための質問例と六年生の回答です。

―質問1　学習センターは、学ぶ力を高めるためにどのように役立っていますか？

・学習センターは、学びを深めるのにとても役立ちました。秘密の読書コーナーでは読書を、ゲーム・コーナーでは「バナナグラム」（二四ページ参照）や「アート」[11]などといった頭を使うゲームで遊びました。読んでいるものや見ている内容について考え続ける必要がありました。

・ビーンバックチェアはとても快適で、リラックスできました。

・たまに難しく感じることもあったけど、ゲーム・コーナーが楽しくて好きです。読書が好きなので、秘密の読書コーナーも好きです。途中でコーナーがつくりかえられたことも気に入っていて、ここにいるときはひたすら読書をしていました。また、リスニング・コーナーは、「フリップグリッド」や「パドレット」（三三ページの注参照）がつくれるので好きです。

・とてもカラフルなので、学習センターでの活動は楽しいです。

・自由に思いついたことを形にしていけるので、アート・コーナーが楽しいです。また、今までの授業とは違う方法で物語を読んだり聞いたりできるので、リスニング・コーナーも楽しかったです。秘密の読書コーナーではリラックスできるし、集中力が高まるので好きです。

（10）グーグル・フォームやマイクロソフト・フォームズを使うと簡単にアンケート作成ができます。

（11）アート・ゲームは、美術作品の鑑賞方法を身につけさせるための教育プログラムです。滋賀県立近代美術館のＨＰ（https://www.shiga-kinbi.jp/?page_id=3346）で詳しく解説されています。

・アート・コーナーでは、オリジナルの漫画を描くことができました。とてもかっこいい漫画ができました。
・絵を描いたり、自分のことを書いたり、友達とゲームを楽しみながら学んだりするのが好きなので、アート、ライティング、ゲーム・コーナーを楽しんでいます。
・私だけかもしれませんが、終わっていない課題をこなしたり、何かを書いたりするとリラックスできます。
・アート、ライティング、ゲーム、秘密の読書コーナーが楽しいです。やりたいことがいつも見つかり、退屈しないからです。これらのコーナーで活動しているときにはストレスを感じません。

質問2　学習センターで一番困ったことは何ですか？

・おしゃべりな人の隣に座ったとき、気が散ってしまうことがありました。
・一番困ったのは、教室にたくさんのものがあり、テーブルがそれほど大きくないので、リスニング・コーナーを使いたい人が同時に四人以上いたときに全員が入れなかったことです。
・集中しないと活動が進みませんでした。
・赤い（ライティング）コーナーは、ほかのコーナーよりも広いので好きです。でも、活動するのに十分なスペースがないときがありました。
・何を書けばよいのか分からなかったことです。
・資料や道具をセッティングするのに困ったときがありました。
・騒がしい人と一緒にいるときや、何をすればよいのかが分からないときに一番困りました。

質問3　センターをもっとよいものにするために、自分なら教室をどのようにデザインしますか？　できたら、紙に図を描いて提出してください。

・私なら、カーペットのところにもう少しビーンバッグチェアを置きます。
・私は、このままでよいです。配置も好きだし、素敵な部屋だと思います。ただ、掃除するともっとよくなると思います。また、コンピューターを乗せるカートが場所をとっているときがあります。
・ビーンバッグチェアを入れてほしいです。
・カーペットの代わりにコンピューター・コーナーをつくってください。机じゃなくてテーブルがいいです。
・私は、今の学習センターが素敵なので、そのままでいいと思います。ただ、壁がゴチャゴチャしているので、掲示物を外したほうがよいと思います。装飾用の掲示物と授業用の掲示物が混じっているので、装飾用は外してもよいと思います。

・もし可能なら、リスニング・コーナーのコンセントとヘッドフォンを増やしたいです。それから、スペースがもっと確保できるように机を移動させます。

生徒が次のコーナーに移動したときには、彼らのニーズを知るためにアンケートをよく行いました。そこで得られたフィードバックを授業での対話に組みこんで、「あなたたちのアイディアや経験が授業を改善するのにとても役立っています」と、生徒に気づかせてきました。私たちは、可能なかぎり生徒の提案が認められ、尊重され、継続して学びに夢中になれるように最善を尽くしたわけです[12]。

課題を乗り越える

使いたい教室をいつも選べるわけではありませんので、管理についての苦情や反発が出る場合もあるでしょう。生徒の興味と興奮をそそり、教室に入りたくなるような空間をつくるというのは学びにとって不可欠です。いつもながらの古臭い教室では、みんなが退屈しますし、不自由さを感じてしまいます。新しい空間を目の当たりにすることは生徒の好奇心に火をつけてくれますし、生徒が大きな刺激を受けている様子を見れば教師にも元気が出てきます。

「こんなことは不可能だ」と決めつけるのではなく、前向きに考えましょう。ここでは、教室というかぎられた空間にいくつもの小さな空間を設ける際に生じる懸念に対処する方法を示していきます。

私の教室は狭すぎます

狭いスペースでも、整理整頓すれば有効に使えます。教室面積と動かせないものを把握し、生徒が学びたくなる配置図を考えるところからはじめましょう。分解して簡単に収納できるものを優先的にそろえていきます。そうすれば、生徒は簡単に学習センターがつくれますし、撤収する場合も簡単です。

四角いカーペットや小さなラグマットは、必要とされるときに広げて、不用なときには丸めて隅に片づけておきます。「商品入れ替え中」のカーペット店が、処分予定のサンプルを寄付してくれるかもしれません。

(12)　翻訳協力者から「自己肯定感の育成を意識して行えば、自分が他者に影響を与えて社会に貢献できる存在であると信じられる成長マインドがつくれます。これまで日本の学校では、『できないこと』を振り返るような意識づけが多く行われてきたように思います」というコメントがありました。

簡単に収納できる道具をそろえたら、机をくっつけて小さなテーブルにつくりかえることからはじめましょう。それだけで床面積が広くなり、みんなが動きやすくなります。積み重ねられるボックスを用意して、それぞれに道具を入れておけば窓台や棚に重ねておけます。スペースを確保するために教師の机を壁際に移動させたり、あまり必要としないのであれば取り払ってもよいでしょう。そして、三〇秒以内に学習センターを設置・撤収するという課題を生徒に与えます。

既存のものを使って空間をつくり直す機会を生徒に与えましょう。彼らが思いついたプランに目を通し、そのなかからどれか一つを採用します。教室の「再生」に生徒を参加させれば、授業を「自分事」として考えるようになります。教師からすれば、生徒が最適な学びの環境としてどのような空間を求めているのかが分かる機会ともなります。

新しい備品を買うだけの余裕がありません

新しい備品を買うのが教師の責任だ、とは誰も言っていません。生徒の学習経験をより良いものにするために、あまりにも多額のお金を教師はすでに注ぎこんでいます。新しい備品を買わずに、手元にあるものを有効活用しましょう。

先にも述べたように、机をくっつけてグループ用のテーブルにするのは一瞬です。こうすると教室の床面積が広がり、みんなが備品につまずくことなく、学習センター内をスムーズに動き回れます。

もし、新しい備品を購入してもよい学校なら、さまざまな用途に使えるものを優先して注文しましょう。あるいは、新しい備品を学習センターに入れるために「ドナー・チューズ」(13)の利用も考えられます。

校長先生がこの変化を許してくれなかったら？

新しいアイディアに対する態度は、校長によってさまざまです。あなたが校長のことをよく知っているのであれば、最適となる相談のもちかけ方は分かるでしょう。学習センターを試してみて、ある程度の安心や手応えを感じたタイミングで校長に話をもちかけ、訪問してもらいましょう。なお、相談するときには、笑顔で、明るく、情熱をもって話しましょう。ポジティブな気持ちというのは伝染するものです。

(13)（DonorChoose）公立学校の教育プロジェクトの実現を支援する、アメリカの非営利団体のことです。学校や教師が物品や技術支援が必要なプロジェクトを公表し、寄付者が関心のあるものに寄付を行います。それをもとに、団体が物品の購入・発送を行ったり、技術者派遣を行ったりします。実は、「博報堂教育財団」や「日本教務員弘済会」など、教室環境の整備に使える助成金は日本にもあります。『読む文化をハックする』（前掲）の巻末には、日本における助成金情報がまとめられていますので、ぜひ参照してください。

リーダーへのヒント

教師が学習センターに挑戦しているときは、必要に応じて教室のレイアウトを変更する自由を与えてください。大きな備品の移動が必要な場合は、手伝いを申しでたり、必要に応じて校務員に依頼してください。そうすれば、「校長が自分の挑戦に気づいていて、賛成してくれている」と教師は知り、サポートされていると感じます。

生徒中心の授業を実現したいという情熱に背中を押されて、この教え方は生徒を夢中にさせ、成長させるものだと自信をもって言えるでしょう。生徒の潜在能力を引き出した新たな取り組みを周囲に知らせ、確かに目標が達成されている様子を見てもらうために、「学校内外で影響力のある人物を教室に招待してください」と依頼します。

こうした提案を受け入れてもらうためには、気兼ねなく校長と対話ができる機会を常にもち、いつでも訪問できるように教室のドアを開放しておく必要があります[14]。

ハックが実際に行われている事例

ロバート・ディロン（Robert Dillon）博士は、生徒の創造力を刺激する空間づくりの専門家です。空間の力を学びにいかすために必要とされる教師の行動について説明してもらいます。

私は学校や教育委員会と協力して、学びにとって最適で、かつデジタルツールも取り入れた、意図的で現代的な学びの空間をデザインしています。[15] 何よりも大切にしているのは「公平性」です。

学びの空間デザインは、裕福な学校と、教師と生徒のための予算が少ない学校との格差を助長するものであってはいけません。私が考えたデザインは、すべての状況に対応できるように設計されていますので、生徒はより学びに夢中になり、楽しめるでしょう。教室に寄贈品や購入品を追加する前に、これから示す七つのアイディアを試してみてください。

四五秒チャレンジ

この活動は、週に一回、朝に行います。忘れないようにカレンダーに印をつけておいてください。その時間になったら、教室の壁一面をよく観察してください。壁に貼ってあるものは、すべて活動に役立つものでしょうか？　気が散るようなものはありませんか？　乱雑に貼られている

(14)　多くの場合、校長は、教師が従来の枠にとらわれずにリスクを冒す様子を喜びます。すべての生徒を夢中にさせる可能性のあるものならば尚更です。

(15)　彼が学習空間について発信している多様な情報は、drrobertdillon.com で得られます。このホームページの「Learning Space」をクリックすると、彼がデザインした空間の写真が閲覧できます。

ものはありませんか？　活動に使わなくなったものを取り除く習慣を身につければ、意図的に空間の最適化ができるようになります。

二週間ごとにフィードバックをもらう

どういうわけか、教師は生徒のためのデザインを自分だけでやってしまいがちです。何が学びに役立ち、何が妨げになっているのかについて、二週間ごとに生徒に尋ねましょう。これには、スマホなどのリマインダー機能を使ってください。これを継続していくと、学びの空間デザインについて驚くほどの発見が得られます。そして、そこでの発見をデザイン変更にいかしていきましょう。

有効期限を設ける

教室や廊下の掲示物は、当初の目的を終えても残っている場合が多々あります。それを避けるために、壁に貼ったすべてのものに有効期限を設けます。何かを壁に貼ったときには、本当にそれが必要なのかどうかを再検討したり、カレンダーに期限を記入したりします。この方法を使えば余計な掲示物がなくせますので、生徒も気が散らないようになります。

視覚的ノイズを取り除く

片づけたものにも（片づけたからこそ）注意が必要です。それらは視覚的ノイズとなって、知らず知らずのうちに生徒のワーキングメモリー(16)を疲れさせ、必要とされる集中力を奪ってしまいます。これを解決するためには、週や月、学期の初めに、「教室の中で新しいものは何か」と生徒に尋ねるとよいでしょう。もし、長きにわたって教室にあるものが挙がるようであれば、それが学びの妨げになっている可能性があります。

いつもと違う場所から教室を眺める

私たちは、毎日のパターンやルーティーンに従って行動し、ストレスを軽減したり、無意識に意思決定を行っています。もちろん、これらの利点も大きいのですが、パターンやルーティーンに従ってばかりいると、学びに悪影響を与えている空間の存在に気づかなくなります。床に座ってみたり、ハシゴに上ってみたり、いつもとは違う隅に立ったりしてみましょう。そこから「新鮮な教室」が見えるはずです。

(16)　見たり聞いたり考えたりしたことを一時的に記憶し、その意味を整理し、必要なもの以外は忘れるという能力のことです。

映像を見直す

スポーツ選手とそのコーチは、ビデオ映像をいつも見直しています。ふとした瞬間を集めて見直すと、空間が学びに与える影響を再発見することができます。教材や道具は手にとりやすかったか？　教室の中に危険な場所はないか？　あまり使われていない部分はどこか？　学びの空間の最適化は、そこで実際に起こっていることを注意深く観察すれば可能となります。

ビデオツアーを実施する

学びの空間をこれまでとは違った「眼」で見るための手っ取り早い方法は、スマホなどで教室を撮影して回ることです。レンズを通すと、いつもの空間が驚くほど違った様子に見えてきます。部屋を撮影しているうちに、整理されている場所や乱雑な場所、学習目的を説明するのに苦労する場所に気づくはずです。

生徒が選択し、主体性を発揮したエピソードが思い起こされる場所もあるでしょう。そして、ビデオツアーで発見したことを空間のアップデートにいかすのです。

空間は、生徒に毎日影響を与えます。ストレスを高めたり軽減させたり、快適さを感じさせることもあれば不快感を与えるときもあります。学びに喜びを感じさせたり、夢中にさせたりする場合もあれば、注意をそらしてしまうこともあるのです。どのような空間をつくるのかと意識的に考えて、空間デザイナーとしても成長していきましょう。

私たちが学ぶ空間は、いうまでもなくとても大切なものです。すべての生徒が必要とするものを手にし、快適な活動が可能であると確信できる教室でなければ、誰にとってもよい環境がつくれているとは言えません。空間に気を配れば配るほど生徒は前向きになり、学びに夢中になるということを忘れないでください。まずは、あなた自身がどういうときに一番学べるのかについて考えながら、次の質問に答えてください。

❶一番よく学べるとき、その空間はどのように見えますか？
❷一番よく学べるとき、その空間をどのように感じますか？
❸何か、気が散るものはありますか？
❹どうしたら、それを取り除けますか？
❺集中力を維持するために役立つものは何ですか？
❻作業が変わると空間を変えたくなることはないですか？　それはどのように？

次は、あなたの生徒について考えてください。

❶先の質問に対する生徒の答えはどのようなものですか？

❷どうすれば、これらすべてが実現できるでしょうか？

❸コーナーでの学習をサポートするために、各コーナーはどのように変えられますか？

忘れないでください。学習センターは、教室という小さな空間のなかで生徒を活動に心から夢中にさせ、一人ひとりをいかす学びと選択肢が提供できるという素晴らしい教え方です。学習センターでの活動が学習目標に合致していればいるほど、生徒は知識やスキルをどんどん吸収して、夢中になっていくはずです。

ハック3

生徒と一緒に学習センターを発展させる

生徒が気に入っているメニューを選択する

生徒に取り組んでほしいのであれば、
オウナーシップをもってもらうことから
はじめなければならない。

（ジョン・スペンサー）*

（*）（John Spencer）教育者、著作家です。日本語で読める彼の著作として、『あなたの授業が子どもと世界を変える』（前掲）があります。なお、オウナーシップとは、お付き合いのレベルではなく、心底自分のものと思う意識をもつことです。

問題 生徒は、自分でカリキュラムを選べない状態に置かれている

多くの場合、教師はその教科におけるカリキュラムの専門家と見なされています。つまり、何を、いつ、どのように教えるのかを決めるのが教師の仕事だということです。確かに教師は、プロジェクトを計画し、読むべき物語を割り当て、宿題を決めています。生徒は、それらをこなす「手下」となっています。

「ハック１」でも述べたように、教師の行きすぎたコントロールは、授業を退屈な雰囲気にし、生徒に「言われたことをこなすだけ」という感覚を植えつけるだけでなく、学ぶ内容についても大きな問題を生じさせています。本章では、これについて考えていきます。

教育委員会は、しばしば高価な教材を購入し、それらの教材を「忠実に使うように」と教師に指示します。そこでは、生徒の声だけでなく教師の声も排除されています。また、多くの場合、これらの教材(1)はクラスの意向や実態にはそぐわないものとなっています。その結果として、与えられた教材をこなすのに一年の大半を費やしてしまい、生徒が取り組んでみたいと切望する内容を選ぶ時間がほとんどありません。

教師は確かに教科の専門家ですが、生徒に代わって教師が学ぶわけではありません。多くの教師は、自分が教わった方法で教えているにすぎないのです。「教える」という行為は、教師がすべての知識をもち、その知識を空っぽの容器（生徒）に注ぎこむことだと見なされています。このような教え方であれば計画を立てるのは簡単です。しかし、生徒のニーズや興味関心についてはほとんど考慮されていません。

本来、生徒は好奇心旺盛な存在なのです。そのエネルギーと好奇心を使って、生徒自身が活動に打ちこめるようにサポートするのが教師の仕事です。生徒に「するべきことを」を指示するのではなく、人生をより良く生きるために必要なあらゆる方法を学び、それらを総動員せざるをえない活動が計画できるように「後押し」するのです。

生徒が授業に「前のめり」になり、夢中になっていくために、「ハック２」までに紹介してきた学習センターづくりを手伝って

（１）ここに書かれている「教材」を「教科書」に置き換えると、まるで日本のことが書かれているかのようです。このままでいいのでしょうか？

学んでいることを、生徒が生きる世界や人生にとって意味あるものだと理解できるようにしなければなりません。自分にとって意味あるカリキュラムを選ぶ能力を最大限発揮させないかぎり、生徒はいつまでたっても知識を詰めこまれるバケツ（しかも穴が開いている！）のような存在でしかなく、学びにおいて教師のパートナーにはなれません。

もらうというのも一つの方法です。そうすれば、何を、どのように学びたいのかについて、生徒と話し合う機会がもてます。

ハック　生徒と一緒に学習センターを発展させる

小学生でも高校生でも、私たちが考えるよりも多くのことができるものです。最初は難しく感じるかもしれませんが、学ぶ内容と方法を生徒自身に考えさせる機会を設ければ、学びへのオウナーシップや「本物の学びに取り組んでいるという感覚」は高められます。このような機会をどのように設けるのかは、教師や生徒の年齢によってさまざまです。授業の大まかな目標や計画を示したうえで生徒の提案を組みこんでいく教師もいれば、学ぶ内容や方法についての選択肢を設ける教師もいます(2)。

教師として私たちは、生徒一人ひとりに合った学びの「入り口」を見つける必要があります。生徒が話す内容に耳を傾け、さりげなく、でもじっくりとその様子を観察する必要があります。そうすれば、生徒にオウナーシップを発揮させるための最高の提案ができます。

また生徒は、「自分の声には意味があるのだ」ということを知る必要があります。学んでいることを、生徒が生きる世界や人生にとって意味あるものだと理解できるようにしなければなりません。自分にとって意味あるカリキュラムを選ぶ能力を最大限発揮させないかぎり、生徒はいつまでたっても知識を詰めこまれるバケツ（しかも穴が開いている！）のような存在でしかなく、学びにおいて教師のパートナーにはなれません。教師と生徒のパートナーシップを大切にしている教室であれば、好奇心旺盛な生徒であふれるようになります。そうした教室であれば、すべての生徒が自分にとって本物の、意味ある学びを選び、自分自身で学びを前に進めながら育っていけるのです。

こうした学びが自然に実現できる空間が学習センターです。確かに、教師が適切なカリキュラムをつくるのも大切ですが、それに従わせるのではなく、生徒自身にカリキュラムを決定させるのです。そうしてできあがったカリキュラムが生徒の声を反映したものであればあるほど、大きな影響を与えることになります。(3)

（2）これらの可能性を紹介してくれている本としては、『教育のプロがすすめる選択する学び』（マイク・エンダーソン／吉田新一郎訳、新評論、二〇一九年）や『ようこそ、一人ひとりをいかす教室へ』（前掲）があります。とくに後者では、学習センターについても紹介されています。

（3）似たような姿は、『誰もが〈科学者〉になれる！』（チャールズ・ピアス／門倉正美ほか訳、新評論、二〇二〇年）や『あなたの授業が子どもと世界を変える』（前掲）、『「おさるのジョージ」を教室で実現』（ウェンディ・L・オストロフ／池田匡史ほか訳、新評論、二〇二〇年）、および一一ページのQRコードで見られるリストでも確認できます。

生徒のことを考えながらカリキュラムの見取り図や空間をつくり、生徒から意見を募るというやり方は、生徒を学びの選択に参加させることを意味します。これまでこのような方法が行われてこなかったため、ほとんどの生徒は教師の指示に従うことに何の疑問も抱いていません。

私たちは、「カリキュラムとは与えられるものでなく、つくるものだ」という考え方や、それを自分自身の手で学習センターに具現化していく方法を生徒に教えるという授業スタイルを何よりも大切にしています。

あなたが明日にでもできること

生徒が既存のカリキュラムの枠のなかでアイディアを出せるようにするためには、その内容を分かりやすく示すとともに、学習に関する用語を教える必要があります。州（国）の定める指導事項[4]とそこで使われている言葉を理解すれば、授業のねらいを効果的に達成するための活動が選択できるからです。

ここでは、生徒のフィードバックを簡単に収集して、学習センターを生徒のニーズに合ったものにしていくためのヒントを紹介します。

生徒の声を教師やクラスメイトに届ける

自分のアイディアを「『声を集める箱』（二六ページ参照）に入れてください」と生徒に促します。

具体的には、ティッシュ箱をリサイクルして、各コーナーに一つずつ置きます。こうすると、いつでも手軽にアイディアを入れることができます。もちろん、アイディアが眠ったままにならないように、定期的に箱の中を確認しましょう。

アイディアを学習センターに取り入れるかどうかの決定に生徒を参加させたい場合は、次のコーナーへ移動したときに振り返りの時間を設けるとよいでしょう。クラスメイトのアイディアを読ませて、取り入れたいと思うものを選んでもらいます。

（4）日本の場合は、学習指導要領に記載されている各学年の内容を指します。日本で、生徒と一緒に学習指導要領を読む機会はあるのでしょうか？　どちらかといえば、見せないようにしているのではないでしょうか。翻訳協力者から「何が求められていて、それをどのように実現できるのかを自分たちで考える機会があり、それが授業や学びにどのようにいかせるのかについて考えるのは生徒にとっても大事な時間」というコメントをもらいました。つまり生徒は、「自分たちに何が求められているのか」、「最終的に何ができるようになればよいのか」すら分からないまま授業を受けている、と言えます。

デジタルツールを使って投票を行う

取り入れるアイディアを投票で決めるときは、デジタルツールが便利です。グーグルやマイクロソフトのフォーム、サーベイ・モンキーなどの無料アプリやウェブサイトを使えば、教師が作成した質問に対する回答を表やグラフという形で整理できます。ただし、これらのアプリは頻繁に仕様が変更されるので、生徒に対して、どれが一番使いやすいかについての確認を忘れないでください。

投票アプリについてもっと知りたい方は、おすすめのアプリについて書かれたブログをオンラインで検索し、参考にすればよいでしょう。生徒への質問としては、次のようなものが考えられます。

・あなたの学びをサポートしたり、ニーズを満たしたりするのに、どのコーナーが役立っていますか？
・あなたが学習センターに追加したいものは何ですか？　その理由は何ですか？
・新しいコーナーをつくるとしたら、どのようなものにしたいですか？　それは、学びにどのように役立ちますか？

生徒とカンファランスを行う

教室を回りながら、グループごとに、もしくは生徒一人ひとりと自然な形で話し合います。「退屈だ」と不満をもらしている生徒がいたら、「どのような活動ならばやってみたいか?」と尋ね、メモをとったり、「声を集める箱」に入れるようにすすめたりします。退屈の原因が、活動の難易度ではなく興味がもてないことにある場合は、その理由を掘りさげてみましょう。

原因は内容にあるのでしょうか? それとも、活動の進め方や方法、グループのメンバーにあるのでしょうか?

不満の核心に迫るまで、穏やかに質問する必要があります。そうすれば、学習センターを改善する手がかりが得られるでしょう。これらの会話(カンファランス)は、生徒により良い学習経験をもたらすために行うものです。重要なのは、会話の大部分を生徒が占め、教師は明確な質問を投げかけるだけの「聞き役」に徹することです。

これから学ぶことについて情報を提供する

たとえば、短編のノンフィクションを使って理解の方法(5)を教えたいときには、それに合わせて学習センターをつくりかえます。教師自身が教材を選ぶ前に、興味のあるテーマについてクラスで投票を行います。そして、一冊の本や文章だけを用意するのではなく、さまざまなテーマの本や文章をいくつか用意して、読みたいものを生徒が選べるようにします。

読みたい本や文章を見つける方法を生徒に教える必要もあります。[6] 図書館メディア・スペシャリスト（五一ページの注参照）に相談するように指示し、図書館に所蔵されている定期刊行物を確認したり、利用可能なデータベースを検索してもらったりします。意欲のある生徒であれば、興味のあるテーマについて自力で調べて、必要な記事を見つけだすでしょう。

生徒が記事などを見つけたら、「学習センターで使用してもよいか」と図書館に確認しましょう。なかには、クラスメイトが見つけた記事に触発されて、同じものを読んでみたいと思う生徒も出てくるでしょう。

生徒が学びたいことを理解する場合、読みたいと思うものを一つだけ選ぶケースが多いでしょうが、すべての教材の試し読みをさせてもかまいません。最初に読んだものに興味を示さない場合、別のものに替える必要があるからです。

理解の方法ではなく、テーマを中心にした学習センターも設計できます。
生徒に、考えてみたいテーマについて投票してもらいましょう。希望が多すぎて一つに絞りきれない場合は、それらのテーマに順位をつけてもらいます。[7] そのうえで、「障害の克服」というテーマについての本を読む場合は、それに関連するいろいろな詩や短編小説、長編小説、ノンフィクションを用意します。そして、それらの本を、使ってほしい理解の方法を記したプリントと一緒に各コーナーに置きます。

理解の方法を学ぶために読む本は生徒が選びます。目標達成に向けて、すべての生徒が同じ本を読む必要はありません。(8)

---

(5)「関連づける」、「質問する」、「イメージを描く」など、私たちが本を読むときや何かを考えるときに使っているもので、「優れた読み手が使っている方法」のことです。詳しくは、『理解するってどういうこと?』(エリン・オリヴァー・キーン／山元隆春ほか訳、新曜社、二〇一四年)と、『増補版「読む力」はこうしてつける』(吉田新一郎、新評論、二〇一七年)を参照してください。

(6) 翻訳協力者から「生徒の選書する力が、これまでの学校教育では育たない」という指摘がありました。教科書ベースの授業では、特定の文章を読むことを前提として授業が進められていくので、生徒は本を選ぶ機会がもてず、選書する力が身につきません。

(7) 多様なアイディアや選択肢を考えだすことは「拡散思考」、それらを解釈したり比較したりして意味をつくりだす思考は「収束思考」と呼ばれています。人が自らの考えをつくりだしていくためには、両者を絶え間なく往復することが不可欠です。詳しくは『たった一つを変えるだけ』(ダン・ロスティンほか／吉田新一郎訳、新評論、二〇一五年)の第1章を参照してください。

(8) 同じテーマやスキル(あるいは、理解の方法)を練習するために複数の本や文章を用意する必要性については、「テキストセット」の考え方と実践方法が紹介されている『教科書をハックする』(リリア・コセット・レント／白鳥信義ほか訳、新評論、二〇二〇年)が参考になります。

完全実施に向けての青写真

ステップ1　データを活用する

生徒の興味関心や実現可能な学習センターのアイディアについての投票を終えたら、それを学習センターにどのように反映できるかについて考えましょう。生徒は、「自分たちの声には力がある」という事実を知る必要があります。そのためにも投票結果を公表して、活用の仕方を見せなければなりません。つまり、「あなたが本当に生徒のアイディアを使っている」という事実を証明するのです。

おそらく生徒は、具体的な活動を中心とした学習センターをつくりたがるでしょう。[9] 定められた指導事項に合わせて、そのアイディアを学習センターに組みこんでください。生徒は、「自分たちのアイディアがいかされている」という事実を知れば知るほど学習センターづくりに参加するようになり、より率直なフィードバックが得られるようになります。それを参考にすればあなたも次のアイディアが思いつくでしょう。

授業が進むにつれて、生徒は自分たちのニーズに基づいたさまざまな学習センターを考えだすようになり、それらを公表するようになるでしょう。たとえば、私たちが教えていた生徒の一人は、「埋めあわせコーナー」の必要性を進言しました。彼は、自分たちが課題を「仕上げる（埋めあわせる）」場所として、このコーナーを提案したのです。どのような学習センターを求めているのかを生徒に尋ねて、教師のアイディアに組みこもうとする姿勢が大切です。

心を開いて、しなやかな姿勢をもち、生徒のアイディアを試してみましょう。それで生徒が活動できれば成功です。そうでない場合は、コーナーを再考し、ほかにどのような選択肢が考えられるのか、「声を集める箱」や投票ツールを使って生徒に尋ねてみましょう。

ステップ２　生徒を指導事項や授業のねらいとつなげる

ジョン・ハッティ（John Hattie）の教育効果の可視化に関する研究によると、[10]授業の課題を生徒に分析させ、課題解決のためにどのようなスキルが必要なのかについて教えることは目標達

（９）「○○の活動を行うコーナーをつくりたい」というアイディアが中心で、指導事項や教材までは考えが及ばないということです。

（10）ジョン・ハッティの代表的な著作としては、『教育の効果』（山森光陽監訳、図書文化社、二〇一八年）があります。ここで挙げられている課題分析については、https://neap.com.au/how-students-awareness-of-thinking-improves-grades/ に詳しい説明があります。

成に大きな効果をもっているようです。つまり、なぜ学んでいるのか、どのように学べばよいのかを自覚すればするほど大きな成果が得られるということです。

教師として私たちは、州の定める指導事項に沿ったねらいを授業に位置づけていく必要があります。そうすれば、生徒はこれらのねらいとそれを達成するためのスキルを観点として、自らの学びの進捗状況や達成度を周囲と比較しながら評価できるようになります。

そのために必要なのは、生徒が授業に関連する指導事項を理解しているかどうかの確認です。生徒にミニ・レッスン（三一ページの注参照）を行ったり、話し合ったり、フィードバックしたりする際にこれらの指導事項に触れ、その言葉を使うことで、生徒は自分の理解度や定着度を指導事項に結びつけて判断するようになります。指導事項が理解できれば、自分たちがそのような活動を行っている理由も理解できます。そして、より焦点を絞った形で学びが進められます。

また、学びに関するデータを収集し、それをもとにして生徒と話すときには、授業のねらいに触れることを忘れないでください。そして、授業の最後には、指導事項や授業のねらいに照らして活動を振り返り、自己評価する時間を与えます[11]。たとえば、次のような問いかけが考えられます。

・今日、私は授業のねらいを達成できただろうか？
・ねらいを達成したか否かは、どうすれば分かるのだろうか？

・具体的な達成度を示すために、どのような証拠が使えるだろうか？
・今後、さらに取り組むべきテーマは何だろうか？

目標を知れば知るほど生徒は、より全力で活動に取り組むようになります。

ステップ3　生徒にカリキュラムの言葉を教える

全員が同じ用語を使えば、より効果的なコミュニケーションがとれます。あなたが教えているカリキュラムを、自分の言葉で生徒が理解できるようにしましょう[12]。カリキュラムのなかに頻出する単語や意味の分からない単語に印をつけるといった活動をグループではじめるとよいでしょう。その際は、学年によって分量などを調整し、置いてけぼりとなる生徒が出ないように注意してください。

次に、印をつけたキーワードとその定義を模造紙などにまとめてもらい、プロジェクトを計画

(11)　授業最後の振り返りは日本でも行われていますが、その際、「指導事項に照らして」行われているかが重要です。国語の授業でいえば、「物語の内容を理解できたかどうか」ではなく、「物語を理解するために大切なスキルや方法は何であったか」、そして「どのぐらい使いこなせるようになったか」を振り返ることです。
(12)　日本でいえば、学習指導要領に出てくる指導事項の内容や用語を生徒に教えるということです。

したり、完成させたりする際に参照できるように掲示します。あるいは、カリキュラムの「カンニング・ペーパー」を作成して、パソコンやノートに保管させ、いつでも参照できるようにしてもいいでしょう。「バンシー（Buncee）」[13]のようなプレゼンテーション・ソフトで作成しても、紙で作成してもかまいません。

ほかにも、カリキュラムの用語を使って遊んだり競争したりできるゲームを生徒につくってもらい、ゲーム・コーナーに取り入れてもよいでしょう。さらに、宿題としても授業の課題としても使えるように、オンラインの教室空間からゲームにアクセスできるようにしてもよいでしょう[14]。

このようなステップは、各学期や単元における総括的評価のタイミングごとに繰り返し、自分たちが何を学んでいくのかについて、一年を通して共有できるようにします。こうすれば生徒に期待する内容がはっきりしてくるので、プロジェクトや学習センターを計画する際に適切なツールが提供できるでしょう。

ステップ4　提案の機会を継続してつくる

これまでに紹介したように、投票ツールやアンケート調査、「声を集める箱」を使えば生徒のアイディアは簡単に集められます。さらに一歩進んで、集まった声を分析するプロセスに生徒が参加する方法として「専門家の時間」というものがあります。

まず、生徒がコーナーをローテーションしたあとにアンケートに回答してもらいます。次に、回答の分析結果をクラスにフィードバックし、改善したいコーナーを生徒に選んでもらいます（生徒は選んだコーナーの専門家となります）。一つのコーナーに人数が集中しないように、あらかじめ好きなコーナーをいくつか尋ねておきましょう。人数が不足しているコーナーがある場合は、移動してくれる生徒を募ります。

各コーナーに模造紙とマーカーを用意し、ブレインストーミングの結果が記録できるようにします。また、各グループが調査を行うためにインターネットなどを使用したり、計画中のテーマに関する資料が手に取れるようにします。たとえば、クラスでドラマ・コーナーを設置することに決まったら、数種類のドラマを提供し、生徒が選べるようにします。こうすれば、より前向きな専門家になり、メンバーの集中力も高まります。

「専門家の時間」では、約一五分のタイマーをセットします。各グループが集中して、ブレイン

(13)　バンシーは、オンラインでポスターやスライドを作成できるアプリです（https://app.edu.buncee.com/）。グーグル・スライドでも同様のことができます。

(14)　オンラインの教室空間をつくれる無料アプリとしては、マイクロソフト・チームズやグーグル・ミート、スラックなどがあります。ここで紹介されている用途であれば、グーグル・ドキュメントにリンクを貼りつけるだけでも十分です。

ストーミングやその結果の要約と分析を行い、コーナーの改善案を提案できるようにするためです。生徒の様子を見ていて、もう少し時間が必要だと感じたら時間を追加してください。五分〜八分ほど追加すると、大概の場合うまくいきます。

最初のアイディアを集めたら、生徒をほかのコーナーに移動させ、クラスメイトが書いたものを評価させます。さらなる考えやアイディアの追加ができるように付箋紙を用意しておきましょう。コーナーを回る際には、もっとも興味をそそられた活動案の横に「正」の字を一角ずつ書きこむように依頼して、得票数が分かるようにします。この活動は一分〜二分で完了するでしょう。クラス全体に聞こえるようにタイマーの音をセットし、制限時間のブザーが鳴ったらほかのコーナーへ移動させていきます。

グループが元の場所に戻ってきたら、自分たちのアイディアに追加された内容と、どのアイディアがもっとも票を集めたのかをじっくり眺めてもらいます。その後、指導事項を分析させ、自分たちが計画した活動と合致するものはどれかを考えてもらいます。

生徒が専門家として活動するときには、あなたが授業を計画している様子をモデルとして示してください。あなたが考えていることを言葉にしながら示せば、[15]専門家が課題に取り組んでいる様子を生徒が目の当たりにすることになります。

生徒が専門家として活動している間、あなたは各グループを訪れ、「アイディアの種」をまいていきます。たとえば、生徒の背中を押すことになる次のような言葉をかけてみてはいかがでしょうか？

・このドラマは意外な結末を迎えるのよね。
・プロジェクトのフィナーレは、どうしますか？　これまでの授業で使える方法はないですか？
・インターネットでアイディアを探してみたらどう？

二人の頭脳は一人の頭脳に勝ります。専門家の時間は、生徒が協力し、アイディアをぶつけあい、問題解決に取り組む意欲を高める方法です。積極性と興奮は生徒の間で伝染するものです。生徒が教室の前で待ち構え、自分たちがつくった学習センターに入りたがっている姿を目の当た

(15)　実際に本を読みながら、教師が頭のなかで考えていること（たとえば、優れた読み手が使っている方法）を言葉にして聞かせることを「考え聞かせ」と言います。ここでは、その方法を授業計画の場面に応用しています。「一度にたくさんの方法を提示しすぎないようにする」、「たまには、頭が真っ白になってしまうところも見せる」など、いくつかコツがあります。詳細は、『増補版「読む力」はこうしてつける』（前掲）の第5章や、『読み聞かせは魔法！』（吉田新一郎、明治図書、二〇一八年）を参照してください。

りにすることでしょう。指導事項に合致し、ほぼ確実に生徒が夢中になって取り組むことが分かっているのに、なぜ試さないのでしょうか?

専門家の時間で投票をする場合は、生徒の声が拾えるような質問を用意するなどの工夫をしましょう。私たちが六年生に実施したときには、教師からの質問に対して次のような回答がありました。

質問　学習センターでの活動は、英語（日本の国語）の学びを充実させていますか?　学習センターでの活動をどのように感じていますか?

・楽しくて、飽きません。もっと英語を勉強しようという気持ちになります。

・学習センターでの活動が好きです。とくに、ターウィリガー先生が私たちにコーナーを選ばせてくれるのがいいです。

質問　活動してみて楽しかったコーナーはどれですか?（図3－1参照）

・どのコーナーも好きです。嫌だと感じるコーナーはありませんでした。

質問　センターでの活動が楽しい理由は何ですか?　例を挙げて説明してください。

・ゲーム・コーナーです。ほとんどの人は、このコーナーが好きだと思います。ゲームを楽しんだり、ほかの人との会話に夢中になったりしながら英語を理解します。絵を描くのも好きなので、アート・コーナーも好きです。

・漫画を描いたことがあるので、アート・コーナーが好きです。また、ゲーム・コーナーはボグル（二四ページ参照）が楽しくて好きです。そして、本をたくさん読むので秘密の読書コーナーも好きですね。

・私が学習センターを楽しんでいる理由は、友達と一緒に活動できるからです。たとえば、アート・コーナーでは思いついたことを自由に形にできます。ゲーム・コーナーが好きな理由は、たくさんの作業をこなす必要がなく、ちょっとした自由時間のように感じるからです。そして、秘密の読書コーナーはリラックスできて、心が落ち着くので好きです。

図3－1

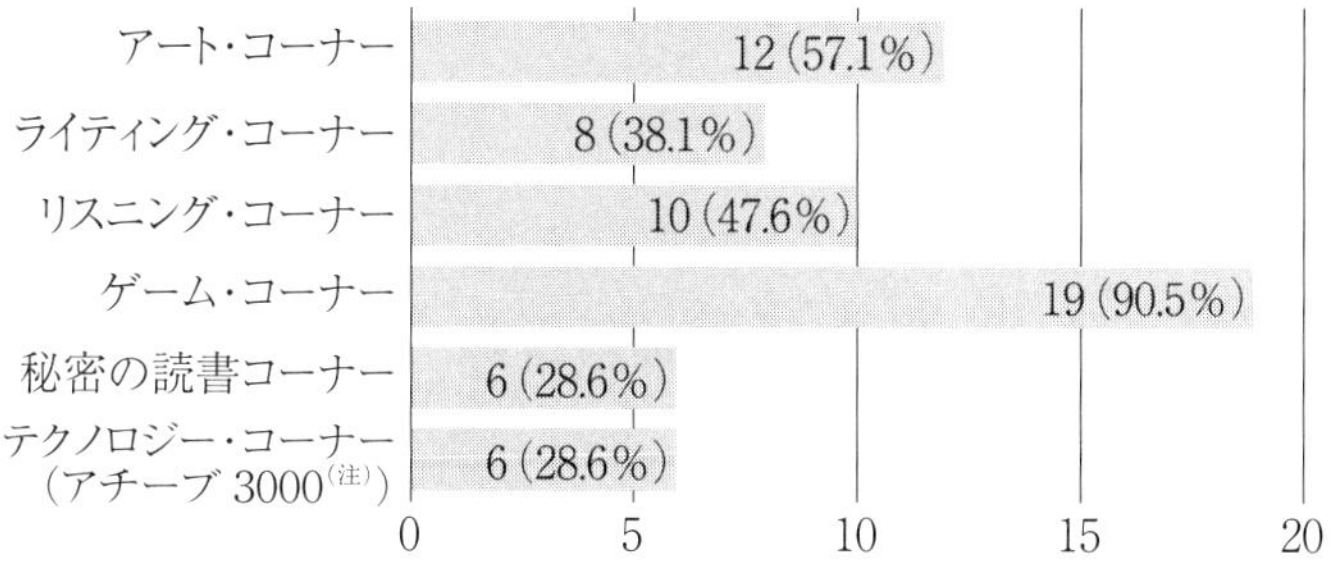

（注）アチーブ3000（Achieve3000）は、幼稚園児から高校生までの読み書きや数学、理科、社会の学習を向上させるために、さまざまな学習コンテンツがそろえられたオンライン・プラットフォームのことです。

・私は読書が好きで、ラグが敷かれた場所はとても静かなので、秘密の読書コーナーが楽しいです。また、『アチーブ３０００』を使ったテクノロジー・コーナーは、記事がとても面白いので気に入っています。ゲーム・コーナーにはいつも新しいゲームがあるので、とても楽しいです。

質問　コーナーの活動や新しいコーナーを提案したことはありますか？（回答結果は**図３－２**参照）

質問　あなたが提案した活動は採用されましたか？　その活動はどのようなものでしたか？　また、どのようにいかされたのか説明してください。

・はい。私の提案は採用され、脚本をつくることになりました。
・はい。私はゲーム・コーナーに新しいゲームを入れたかったのですが、バナナグラム（二四ページ参照）は最高でした。次の学習センターでは、バナナグラムのほかにもう一つ新しいゲームを入れたいです。

図３－２

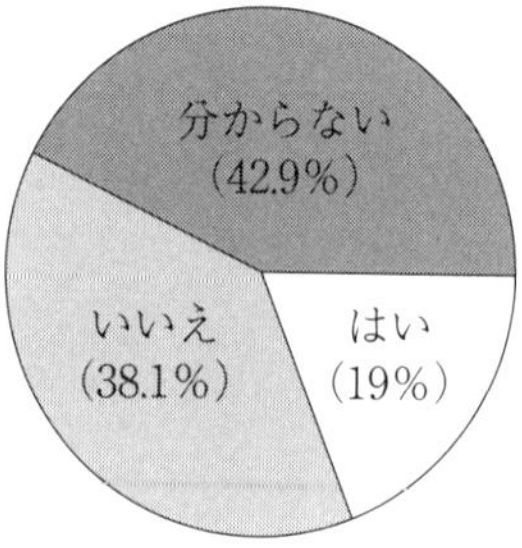

質問　学習センターに追加したい活動は何ですか？

・ライティング・コーナーで詩を創作したいです。
・ライティング・コーナーで、小説やノンフィクションの本をつくってもよいと思います。私はいつも小説のネタを考えているのですが、ほかの人もそうではないですか？
・秘密の読書コーナーで、読んだ本を演じてみるといった活動はどうでしょう？
・リスニング・コーナーの活動が早く終わって、ほかのコーナーでの活動も終わっているなら、音楽を聴きたいです。

質問　新しいコーナーを提案し、それが実現したのを見たとき、どのように感じましたか？それはイメージどおりでしたか？

・自分のアイディアと言葉でコーナーを変えられたことがうれしかったです。

質問　あなたの考えた新しいコーナーは？

・ブログ・コーナーがほしいです。クラスのみんなと一緒にウェブサイトに何かを投稿して、自分の読んだ本について話すといいかもしれません。
・映画館コーナーはどうでしょうか？

・ほかのコーナーの人が話していて本に集中できないときがあるので、リスニング・コーナーがあると楽しめると思います。
・ブログはいいアイディアだと思いますし、おすすめの本を紹介した動画を投稿するチャンネルをつくって共有するというのはどうですか？
・宿題として持ち帰らなくてすむように、授業の課題を終わらせるコーナーがほしいです。
・漫画コーナーがほしいです。

質問　コーナーの活動をチームで開発するとしたら、どんなコーナーをやりたいですか？　二つか三つ選んでください。（回答結果は図3－3参照）

質問　秘密の読書コーナーで脚本を読むという活動が提案されました。四つの脚本のうち、クラスで読みたいのはどれですか？（回答結果は図3－4参照）

質問　もっと本を読んで調べたいと思うテーマを教えてください。（回答結果は図3－5参照）

質問　そのテーマを選んだ理由を具体的に教えてください。

図３－３

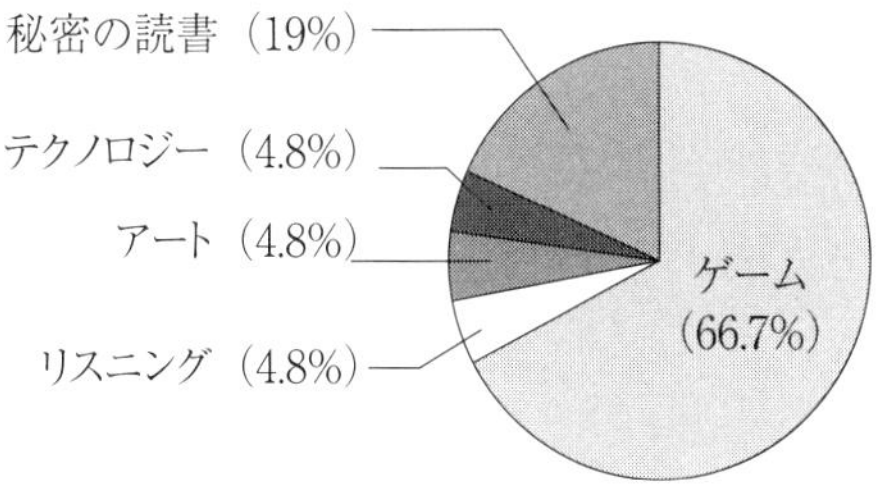

図３－４

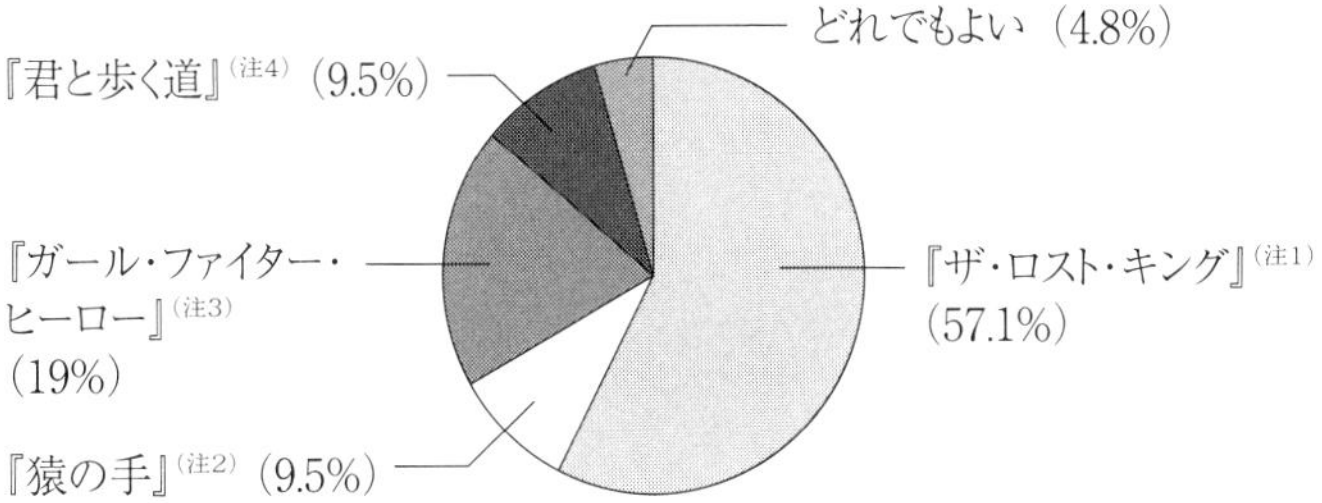

（注１）イギリスで1950年代に放送されたテレビドラマです。2022年には同名の映画も公開されます。
（注２）W・W・ジェイコブス著、矢野浩三郎訳、岩崎書店、1998年
（注３）アメリカ独立戦争の混乱を生き抜いた 16歳の少女、シビル・ルディントンの姿を描いた物語です。
（注４）ニコラス・スパークス著、雨沢泰訳、小学館、2016年

図３－５

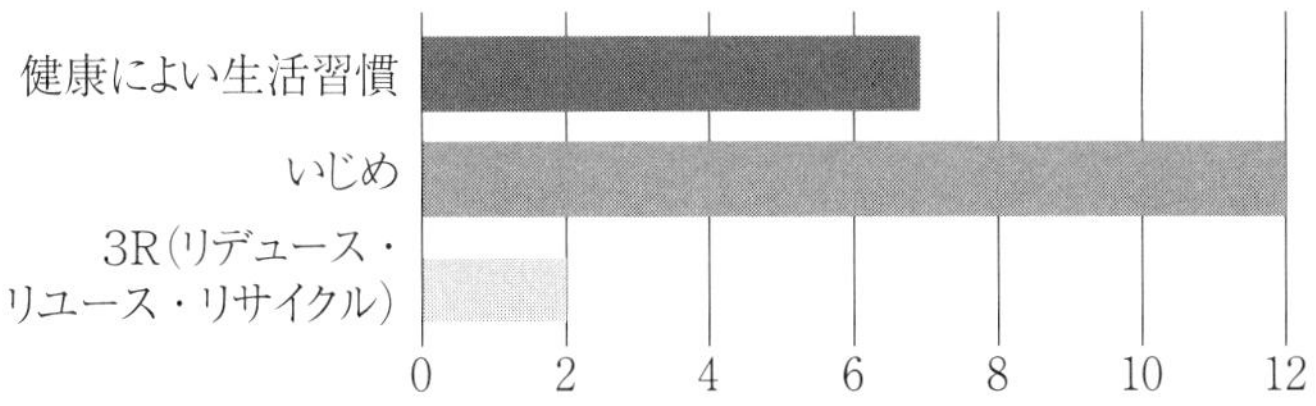

・私がこのテーマを選んだのは、健康によい生活習慣を知ることが大人になってからも大切だと思うからです。

・いじめのことや、それを止める方法をもっと知りたいので、このテーマを選びました。

ステップ5 エドキャンプ(16)・スタイルでメニューを組みたてる

生徒からアイディアを募ったらそれを共有する掲示板を作成して、生徒にコントロールをわたしていきます。エドキャンプでは、何をどのように発表するかは自由であり、事前にアイディアを練っておく必要もありません。探究する価値があると思う素朴な疑問でもよいですし、もっと知りたいテーマや、自分がもっている専門的な知識をテーマにしてもかまいません。

一サイクルに一回でよいので、エドキャンプ・スタイルの学習センターを考えてみませんか。このようなスタイルの活動は、単元の終わりや学期ごとの総括的評価前の振り返りとしても使えますし、単元の導入時には生徒の探究心を引き出す活動としても使えます。

共有する内容にもよりますが、単元の途中時には使ってもいいでしょう。本章の「ハックが実際に行われている事例」（一一六ページ）においてジェシカ・シミニ先生が紹介しているように、さまざまな仕組みがつくれます。

課題を乗り越える

「生徒は学びにオウナーシップをもつ必要がある」というフレーズに反対する教師はいないでしょう。しかし、多くの教師は、どこから手をつければよいのか、どのように維持していけばよいのかを知りません。本を読んだときには素晴らしいアイディアのように思えたとしても、それを実行に移すというのは決して簡単ではありません。そのためには、これまでの慣例や常識を変える必要があります。

生徒自身にカリキュラムを計画してもらうということは、重要な意思決定を生徒に委ね、そのために必要な時間を確保するということを意味します。これを実行する過程では、かなりの確率で同僚から反発を受けるでしょう。たとえば、次のようなものです。

---

(16) エドキャンプとは、教育関係者が自分たちでつくる自主的な学びの場のことで、誰にでも参加の機会が開かれている点や、セッションのテーマが当日の参加者によって決められる点に特徴があります。通常、三つから四つのセッションが行われますが、各セッションは複数の教室や会議室に分かれて行われます。日本でもエドキャンプ・ジャパンは活動しています。エドキャンプ・ジャパンについて詳しく知りたい方は、http://www.edcampjapan.org/#info をご覧ください。

時間が足りません

教師の肩には、多くの責任と仕事がのしかかっています。いうまでもなく時間は貴重ですが、生徒にカリキュラムを計画してもらうと削減できます。具体的には、「専門家の時間」を一五分間もちます。この時間のなかで生徒はチームに分かれ、アート・プロジェクトや文学、オーディオブック、ゲーム、ライティング・プロジェクトなど、夢中になって取り組める教材や活動を探しながら計画していきます。

このような仕組みが一旦できてしまえば、無駄な時間は削減できます。結果として、生徒の学びを前進させていくことにすべての時間を当てられます。

生徒がなまけたり、活動をさぼったりします

これまでもそうだったように、なまけがちな生徒は存在するものです。教師やチームリーダーの工夫次第で、なまけがちな生徒でも正しい軌道に戻せます。たとえば、ホワイトボードにタイマーを表示したり、教師が各チームを回って進捗状況を確認したり、個人的に対話するといったことなどが考えられます。

生徒が活動しようとしない理由を考えるときには、次のような問いを念頭に置いておくとよいでしょう。

リーダーへのヒント

生徒が学びにおいてオウナーシップをもてるまでには時間がかかります。授業改善の最初の段階では、生徒がアイディアを発展させられるようになるまで根気強く見守ってあげましょう。教師は魅力的な選択肢を開発しながら生徒を教えていく必要がありますが、うまくいかない時期もあるでしょう。そんなときこそ、管理職が教師に助言するチャンスです。率直に不満を吐きだせるようにして、諦めそうになっているときにはなだめて、教師の背中を押してあげるのです。

・生徒は、教材が何であるかを把握していないのでは？
・生徒にとって、その教材は難しすぎるのでは？
・生徒は、自分がやるべきことを忘れてしまったのでは？
・その生徒は、活動を「試す」時間を欠席していたのでは？

このような問いに対する答えが分かれば、あとは少し手間をかけて指導するだけです。

生徒が課題に集中し、効果的な質問ができるようになる詳しい方法については、コニー・ハミルトンが著した『質問・発問をハックする』（山崎亜矢ほか訳、新評論、二〇二一年）を参考にしてください。とくに、「ハック２『分かりません』とは言わせない」では、生徒がやる気をなくす理由を見つけだし、活動に対する熱意を取り戻すための素晴らしいアイディアが満載となっています。

生徒が計画したものは表面上楽しいばかりで、深い学びをもたらさないでしょう

それは、生徒次第です。生徒が挑戦したいと思っているテーマであれば、教師が計画したものよりも根気よく取り組みますので、深い学びをもたらす活動になる可能性が高いです。場合によっては、ローテーションを二回行ったり、いくつかのステップに分解する必要があるほどです。

もし、生徒のつくった活動が深い学びをもたらしそうにない場合は、教師が微調整を加えたり、二つのアイディアを組み合わせたり、足りない要素を追加するよう生徒に働きかければいいだけです。生徒のパートナーとして中央に座り、「考え聞かせ」（一〇五ページの注参照）を行いながら、プロジェクトの制作者が学習センターを発展させていく様子をモデルとして示していきましょう。

ハックが実際に行われている事例

理科教師であるジェシカ・シミニ先生が、エドキャンプ・スタイルの学習センターを使って七年生を熱中させている様子について話してくれました。自分の教室に置き換えながら、彼女の事例を読んでください。

数年前に初めてエドキャンプに参加し、すぐに魅了されてしまいました。自分の学びたいことを自由に学べる点が気に入ったのです。

エドキャンプでは、参加者がワークショップのテーマを提案し、会場を選びます（複数のセッションが同時並行で行われています）。途中でセッションの移動も可能です。つまり、学びを自分事として、自分のペースで進められるのです。

参加者は必要なものを持参するだけですし、アイディアがあれば、その場でセッションの修正を提案することも可能です。これが教師に有効であるならば、生徒にも有効だと考えました。(17)

自分の教室のことは知りつくしていますが、生徒一人ひとりが何を必要としていて、不備がどこにあるのかについては把握しているわけではありません。また、私たちの学校は、生徒が進んで自己評価を行い、自らのニーズに対処する能力を育てることを目標としています。教室でエドキャンプ・スタイルの学習センターを使えば、生徒は学習内容を選べますし、自分のニーズにこたえる形で自立性と自己管理能力が育めます。また、教材を簡単にこなせる生徒には、「自分の知識をほかの人と共有するように」と働きかけています（義務ではありません）。

（17）翻訳協力者から、「こういう発想は、教師である自分自身を『学ぶ人』としてとらえていないと出てこないように感じます」というコメントがありました。まったく同感です。自分自身が学んでおらず、本物の学びを知らない状態で、生徒に本物の学びを促せるのでしょうか？

実際のエドキャンプでは、参加者がすべてのワークショップを提案していきます。これを生徒と行う場合は、事前にクラスの状況を把握するのがよいでしょう。私は、学年の最初の一～二か月は、エドキャンプ・スタイルを使わないようにしています。その前に、生徒の成熟度や、生徒に期待できる活動のレベルや集中力を把握したいからです。

実際の授業では、生徒にすべてのコーナーを提案してもらう場合もあれば、こちらでコーナーを決めてしまうこともあります。一日のなかでも、授業によって変えています。

ほとんどのクラスでは、この二つの方法を組み合わせるのが最適でしょう。普段は、私がいくつかのコーナーを設置し（評価結果から生徒が苦戦していることが分かった内容や、これから大切で必要になってくるテーマなど）、残りの部分を生徒が提案できるようにしています。実際に学習センターを使った活動を行うときには、教室の前方や目立つ場所に各コーナーのテーマと配置を示すようにしています。また、一人で静かに活動したい生徒のためのスペースを追加するというのもよいでしょう。

七年生の理科では、毎年、運動エネルギーや位置エネルギー、単純機械（力学）や摩擦について学ぶという大きな単元を実施しています。すべてのトピックについて実験を行うほか、コンピューターを使ってエネルギーのシミュレーションを行ったり、テストやクイズを行っていきます。(18)最終的には、そこで学んだ内容を総動員して、トレビュシェットを完成させるというプロジェクトを行っています。

　生徒とのエドキャンプは、単元の最終評価前の復習に最適です。そこでは、運動エネルギーと位置エネルギーの算出方法や摩擦が低減される仕組み、単純機械が人間に与えたメリットを学ぶためのコーナーをいくつか提案しています。

　ほかにも、実験を完了させるコーナー（ただし、設備を整えていないと、正規の時間に完了しなかった分析問題や、本来はもっと厳密に考えなければならない問題を「こなす」だけになってしまいます）や、コンピューター・シミュレーションを行うコーナーも加えられます（このコーナーは、様子をこまめに見ておく必要があります）。また、「もっと先へ」というコーナーを設置して、生徒が高校レベルの課題に取り組めるようにするといったことも考えられます。

　とても面白いことに、私が思いつくコーナーは生徒からも提案される場合が多いです。そのようなときは、生徒がワークショップの内容を説明しているところへかかわり、私が教えなければならないテーマへと徐々に興味をもたせるようにしています。もちろん、私が思いもしなかったようなアイディアを生徒が提案するときもあります。

---

(18)（trebuchet）「平衡錘投石機」とも呼ばれています。棒の両端に重しと石を載せ、棒が一回転したエネルギーを使って遠くへ石を飛ばす機械です。映画などでよく目にする「城壁の外側から大きな石を投げこむ兵器」をイメージしてください。

コーナーで実施するワークショップを決めたあとには、「助けが必要だと思ったときや、クラスメイトを助けたいと思ったときはコーナーを移動してもよい」と、念を押す形で生徒に伝えます。つまり、生徒が望むようにコーナーの移動ができるわけです。もちろん、あるコーナーでの活動が完了したときも、ほかのコーナーに移動できます。タイマーや規則的なローテーションは必要ありません。前向きに取り組んでいるかぎり、生徒は自由に教室を動き回れるのです。

こうした活動を何度か繰り返していくうちに、大多数の生徒がエドキャンプの時間を「賢く」使っている様子が確認できるようになってきました。教える側の生徒と学ぶ側の生徒がうまく入り混じっているのです。彼らは、自分たちに必要なことを把握し、それを得るための場所選びが得意なようです。

このような様子は、自己評価や学習の振り返りが単元を通して繰り返されている場合に顕著に現れます。また、単元の最初や単元に入る前の授業時間において、自分の長所と短所がどこにあるのかについて簡単に振り返ってもらえば、エドキャンプのときに適切なコーナーが選べるようになります。さらに素晴らしいことに、この方法は単元やテストの振り返り、プロジェクトでの調査や成果物の仕上げ、実験など、さまざまな活動でも使えます。

生徒は、自分で選ぶという行為が大好きです。大人になってからの学びと同じように、活動を自分で選べるという自由を謳歌しながら成長していくのです。

確かに、州（や国）の定めるカリキュラムは教室の学習内容を方向づけるかもしれません。しかし、だからといって私たちが学んで共有したい内容と方法を、生徒がコントロールできないということではありません。それらを自分で選べば選ぶほど、生徒は学びに夢中になっていくのです。学習センターでは、生徒が何をどのような方法で達成したいのかについて自ら声を発し、選択していく機会が提供できるのです。

私たちが、いつ、どのように学習センターを使うかを考えるときには、生徒一人ひとりの個性によって内容が変わるという事実を忘れてはいけません。生徒の希望やニーズによって、学習センターの形は毎回違ったものになります。生徒が心から夢中になれるメニューをつくりだすためには、「教師が教えないといけない内容」と「生徒が学びたい内容と方法」との間に生じる絶妙なバランスが大切となります。

次のような質問に答えながら、毎日生徒が教室に来たくなるような、そして「生涯にわたって学び続ける人になれる」と実感できるようなメニューを考えていきましょう。

❶教室で行っている活動にどのような手を加えれば、生徒が毎日夢中で取り組みたくなるような刺激を与えられるでしょうか？
❷生徒が「生涯にわたって学び続ける人」になれるように、どのような形で後押しをしますか？
❸小グループ(19)の生徒に対して、指導事項に焦点化した指導を行うためにはどうしたらよいでしょうか？

(19) この小グループ対象の指導の仕方については、『「学びの責任」は誰にあるのか』(ダグラス・フィッシャーほか／吉田新一郎訳、新評論、二〇一七年)の第3章が参考になります。

ハック4

隠れたリーダーを呼び覚ます

リーダーシップが発揮されやすい小グループの構成

世の中には、生まれつきのリーダーもいれば、
努力してリーダーになる人もいるし、
リーダーになることを避ける人もいる。

(モーリス・フランガン)*

（＊）（Maurice Flanagan, 1928～2015）イギリスの実業家です。

問題　一斉授業では無視されてしまう生徒がいる

多くの教室は、三〇人以上の生徒であふれかえっています。このような環境下での一斉授業では、成績の面で平均に位置している生徒に向けて授業を行うという場合がほとんどでしょう。一人ひとりの生徒をいかそうとしない一斉授業によって、多くの生徒が授業についていけなくなっています。

もっとも効率のよい教え方に見える一斉授業ですが、実は、それでは不十分なのです。たとえば、自己主張の強い生徒は授業時間を独占しがちですし、内向的な生徒は「自分は必要とされていない」と考えてしまいます。また、「賢い」生徒になると、個人の活動や成果、責任が求められるまで、その場を「やり過ごす」ことを学んでしまいます。

教師にとっても、おそらく最初は生徒がどのような子どもなのか分からないでしょうし、把握するのも簡単ではありません。生徒を一人ひとり違った個性をもった存在として見るためには、すべての生徒を知るための時間が必要です。また、彼らが陰に「隠されて」しまったり[(1)]、注目を集めるための舞台として授業を使ったりしないように、一人ひとりの生徒が主役になれるように授業を転換する必要があります。

一斉授業では、生徒一人ひとりに合った学習ペースを把握するために時間を使うことができません。全体のペースをそろえることにエネルギーが費やされ、深い学びが起こる「夢中になって取り組む」機会が失われてしまうからです。(2)

学習センターは、教師のリーダーシップの有無にかかわらず、生徒が小グループで活動できるようになることを目指しています。そして、生徒が「自らの学びを主体的に考えてつくりだすリーダー」になれるための空間をつくります。

学習センターは、生徒が小グループで協力しながら学びに夢中になる機会をつくりだすユニークな教え方です。ここでは、誰も陰に隠れることがありません。

(1)　目立つ生徒が場を牛耳ってしまうことで、内向的な生徒の声が聞こえなくなってしまい、あたかも存在しないかのように扱われてしまうという意味です。

(2)　つまり、教師が教える時間（生徒は教師の話を聞き、ノートをとる時間）が多く、生徒が実際に活動しながら学ぶ時間が少ないという意味です。

学習センターは、生徒が小グループで協力しながら学びに夢中になる機会をつくりだすユニークな教え方です。ここでは、誰も陰に隠れることがありません。

ハック 隠れたリーダーを呼び覚ます

私たちは、すべての生徒が、すべての授業時間において成長することを願っています。そのためには、すべての生徒が自分の活動に責任をもてるように、教室空間を効果的に区切る必要があります。そうすれば、より多くの生徒が学びに夢中になる空間となります。つまり、小さくて、生徒のニーズに対応しやすく、一人ひとりに合った空間です。こうした空間をつくると、他人に活動を任せることに慣れてしまっている生徒の「隠れ蓑《みの》」が少なくなります(3)。

生徒へのアンケートなどから得られたデータをもとにしてグループ編成を工夫し、自己主張の強い生徒が場を牛耳ってしまう状態を最小限にし、活動から外されてしまいがちな生徒がしっかり参加できるようにしましょう。適切な環境を整えてあげれば、思いもかけないようなリーダーが現れるものです。

教師である私たちの仕事は、このような環境を整えて、知ったかぶりの生徒を懐柔し、内向的な生徒がもっているリーダーとしての資質を引き出すことです。学びにとって大切な役割を全員にもたせ、授業のねらいを包み隠さず伝えれば、予期せぬ出来事や騒動に戸惑うこともなくなります。役割を分担し、生徒全員が責任を負えば、「みんなで獲得した賞だ」と言えるような大きな成果を手にすることができるのです。

「ハック２」で述べたように、この教え方では、目の前の生徒のニーズに応じて学習センターを設置します（生徒が変われば学習センターの内容も変わります）。授業で学ばせたい内容に即し、しかも生徒が学びのオウナーシップをもてるように学習センターを開発していきます。すべてのコーナーにあなたは常におれませんので、必然的に生徒が学習を仕切るようになり、教師は今までとは違う役割を果たすことになります。

あなたが明日にでもできること

活動を小グループに任せるというやり方は、生徒にとっても教師にとっても不安なものです。それゆえ準備が重要となります。次のアイディアを参考にして、それぞれのコーナーに存在する「隠れたリーダー」に勇気をもたせ、育て、力を最大限に発揮させていきましょう。

（３）　翻訳協力者から次のコメントがありました。「教師がつくったレールの上をひたすら怠けずに走らせる存在であると生徒を認識してしまうと、一斉授業で目を光らせることが大切というまちがいを生んでしまうので、学習センターの利点を新しい学習観として理解する必要があります」

専門家の生徒を見つける

先ほど述べたように、教師はすべてのコーナーに同時にいられません。ほかの生徒が困っているときや、さらなるサポートが必要なときは「専門家の生徒」に活躍してもらいましょう。[4] こうした生徒は「生徒の言葉」を使うので、「教師の言葉」では理解できないクラスメイトを助けることができます。

専門家の生徒の名前を書いた掲示物を作成しておくと、困っている生徒は自分のコーナーの専門家に助けを求めて疑問点を解消していきます。専門家の生徒には、クラスメイトを助けた場面の記録をとらせて、そこでの経験を振り返ってもらうようにします。専門家の生徒は、授業において意思決定をする際の有力な相談相手となるでしょう。

生徒の責任感を高めるために役割をつくる

グループのメンバーが課題に取り組み、コーナーの目標に集中できるように、チームリーダーを選出してもらいます。リーダーは、メンバーの取り組み状況やニーズについて調べ、コーナーの運営と目標達成に役立てていきます。

まずは、各コーナーで打ち合わせの時間を設け、取り組むべき課題を整理するとともに、メンバーの責任と役割についてのチェックシートを作成してもらいます。ここで教師は、生徒の考えた役割が課題にしっかり取り組むためのものになっているのかどうかを確認していきます。単に作業をこなすだけの役割では、生徒は課題に集中できません。

リーダーボードを使って役割を交代する

教室の目立つところに「リーダーボード」を掲示します。とはいっても、生徒の名簿を掲示し、コーナーを移動したら自分の名前の横にチェックを入れるだけです。チェックが入った生徒のなかからリーダーを選んでいきます。

最初は、立候補の生徒やほかのメンバーから推薦された生徒をリーダーにするとよいでしょう。彼らは、リーダーになることが難しい生徒にとってのモデルとなるからです。そして、生徒には、どのコーナーでリーダーを務めたか、それがどの程度うまくいったのかを記録してもらいます。この記録をもとにした振り返りが行えるからです。詳しくは「ハック６」（一七七ページ）で説明していきます。

（４）「専門家の生徒」を決める際には、「ハック３」で紹介されていたようなアンケート結果が参考になるでしょう。提案をしてくれたコーナーや肯定的なコメントをくれたコーナーは、その生徒が得意ないし好きなコーナーである可能性が高いからです。

すべての生徒がチャレンジする機会をつくる

生徒の興味や得意なことを把握したら、その情報を使って、内向的な生徒に対して大きな役割を果たすように促します。(5)

たとえば、「あなたはまだリーダーを務めていないみたいね。あなたは美術が好きだから、今日はアート・コーナーのリーダーを務めてみたら?」と話しかけます。このように言って、リーダーを務めるかどうかを選ばせれば、生徒は大きな役割にチャレンジする機会を得ることになります。

棒で決める

各コーナーのなかで、すべての生徒が声を発せられる簡単な方法です。アイスの棒に生徒の名前を書きます。各コーナーのリーダーを割り当てるときや、質問に答えてもらうときに、その棒からランダムに選ぶのです。心の準備ができていない場合や答えられない場合には「パス」もできます。また、友人に「電話してみる」という選択肢もありますので、試してみましょう。(6)

もし、お互いに助けあっている生徒を見たら、彼らをその日の「専門家」に任命しましょう。たとえば、ゲーム・コーナーで「スクラブル」などの新しいゲームをプレイするときには、家族と一緒に遊んだ経験がある生徒もいるでしょう。となると、その生徒は「スクラブルの専門家」

と言えます。このゲームについて疑問のある生徒は、その専門家に尋ねればいいのです。そうすれば、あなたは、ほかの生徒を助けるための時間が確保できます。

授業前後の立ち話も大切

生徒が教室に出入りするとき、毎日、同じ場所で話しかけるようにします。簡単な会話のなかで、次の授業に期待していることを共有したり、その日の授業で取り組んだ活動のなかで気に入ったものを振り返ってもらったりします。同時に、「次の授業でもっと大きな役割が果たせそう」と思えるように、励ましや称賛の言葉を生徒にかけます。生徒のざわつきに耳を傾けていると、彼らの考えている内容がよく分かるものです。

---

(5)　生徒の興味や得意なことを把握するためには、「ハック３」で述べられていたアンケートの結果や、一三七ページで紹介されている振り返りの内容が参考になるでしょう。さらにいえば、内向的な生徒は、思いついたことをその場で表現するよりも、じっくり時間をかけて考えを練りあげるのが得意です。そのため、アンケートや振り返りは、内向的な生徒の声を把握するのに最適な方法だと言えます。詳しくは、『静かな子どもも大切にする』(前掲)を参照してください。

(6)　少し昔の番組になりますが、「クイズ・ミリオネア」の「ライフライン」を想像していただけると分かりやすいでしょう。もちろん、本当に電話をかけるのではなく「電話の体《てい》で相談してみる」という意味です。

完全実施に向けての青写真

ステップ1　生徒が自分で選ぶシステムをつくる

　昼食を食べたあと、生徒は自分のファイル・フォルダーと入口チケット[7]を持って、はやる気持ちで教室に入ってきます。教室に入ると、その授業で使うコーナーを選ぶためにチョイス・ボードに向かいます。彼らは友人と一緒に入ってくるので、一緒に学べたり助けあったりできるコーナーを選びます。早く教室に入れば入るほど、取り組みたいと思っている活動が選べる可能性が高くなります。

　各コーナーの定員はかぎられていますので、人数がいっぱいになると、誰かが移動するまではかの人は入れません。いずれにしろ、生徒の動きが落ち着いたら授業を開始します。

　この時間帯をスムーズに進めるために、コーナーの選び方のルーティーンを定めておきましょう。いくつかの方法を調べてリストに書き留め、そのなかから一番よいと思うものを選ぶのもよいですし、厚紙や付箋、ライブラリー・ポケットやアイスの棒を使ってオリジナルの方法をつくるのもよいでしょう。

いくつかのクラスを教えている場合は、アイスの棒をクラス毎に色分けしておくとよいでしょう。私の場合は、事前に各コーナーの定員を決めておいて、生徒が教室に入ってきたら、空いているポケットに自分の棒を入れてもらうようにしています（下の写真を参照してください）。

グループの集中力が継続するように、各コーナーの定員は四〜五名がよいと思いま

（7）Exit Ticket（出口チケット）に対して「Entrance Ticket」と呼ばれます。その日の授業のテーマを知らせたり、テーマに関連する背景知識を思い出させるように指示を与えたりして、スムーズに授業に入れるようにするものです。

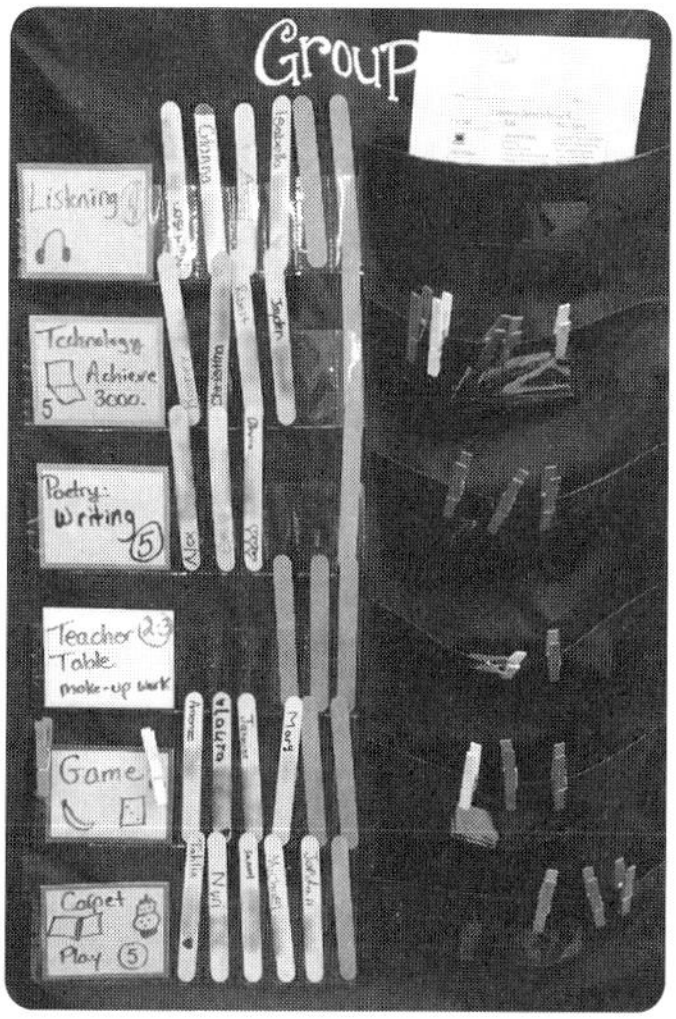

生徒の名前を書いたアイスの棒を使った「自分で選ぶ」システム

・聴く　4

・テクノロジー　アチーブ3000　5

・詩の創作　5

・教師のテーブル
　埋めあわせ　2〜3

・ゲーム（見えない）

・カーペットでの読書　5

（注）左側には、コーナーの名前と定員が書かれています。生徒は、自分の名前が書かれたアイスの棒を真ん中のポケットに入れていきます。

す。コーナーが定員に達した場合は赤い棒を入れて、「これ以上は入れない」と示します。

生徒がコーナーに入ったら日付と活動を記録し、そのコーナーの目標を確認します。課題の量によっては、授業終了前に完了させる生徒もいます。その場合には、空きがあるコーナーに移動したり、クラスメイトを助ける「専門家」をお願いしたり、本や雑誌、短編小説を一人で読む時間にします。

ステップ2　生徒に役割をつくらせる

学習センターでの学習目標を達成するために必要な役割を生徒自身に考えてもらえば、よりオウナーシップをもつようになります。ゲーム・コーナーであれば、役割を分担するのが簡単かもしれません。ゲームの内容によって必要な役割が決まるからです。

たとえば、「スクラブル」（二四ページ参照）をする場合は、スコアを記録する役割や進行役が必要となります。生徒が創造性を発揮して、最高得点を出した単語やその週の授業で使う言葉を記録するといった役割を追加する場合もあるでしょう。

一方、ライティング・コーナーのように一人ひとりが独立したコーナーでは、生徒が取り組んでいる課題（修正、相互評価、執筆、ブレインストーミングなど）に応じて役割が決まります。

実は、このようなコーナーでは必ずしも役割を必要としませんが、その決定も生徒が行います。

郵便はがき

料金受取人払郵便

新宿北局承認

6524

差出有効期間
2024年3月
31日まで

有効期限が
切れましたら
切手をはって
お出し下さい

169-8790

260

東京都新宿区西早稲田
3 — 16 — 28

株式会社 **新評論**
SBC（新評論ブッククラブ）事業部 行

お名前	年齢	SBC会員番号 L 番
ご住所 〒 − TEL		
ご職業 E-maill		
●本書をお求めの書店名（またはよく行く書店名） 書店名		
●新刊案内のご希望 □ ある □ ない		

SBC（新評論ブッククラブ）のご案内

会員は送料無料！各種特典あり！詳細は裏面に

SBC（新評論ブッククラブ） 入会申込書	※✓印をお付け下さい。 → SBCに 入会する□

読者アンケートハガキ

●このたびは新評論の出版物をお買い上げ頂き、ありがとうございました。今後の編集の参考にするために、以下の設問にお答えいただければ幸いです。ご協力を宜しくお願い致します。

本のタイトル

●この本をお読みになったご意見・ご感想、小社の出版物に対するご意見をお聞かせ下さい
（小社、PR誌「新評論」およびホームページに掲載させて頂く場合もございます。予めご了承ください）

学習センターを継続的に使っていくなかで、自分にあった役割を生徒自身につくらせるようにしていけば、対人関係スキルを発揮したり、何が期待されているのかを自分なりに示せるようになります。授業の初めに自分の役割を記録させ、授業終わりの振り返りの時間でどの程度うまくいったのかを考えてもらいます。なお、別の生徒が同じコーナーを使う場合は、前の生徒の役割と感想を参考にして、必要に応じて役割の修正を行います。将来の共有のために、これらの役割を記録しておきましょう。

最初のうちは教師が役割と責任のリストを提供して、生徒に選択してもらうとよいでしょう。しかし、リストにあるものが生徒のニーズに合わない場合は、新しい役割をつくるように働きかけます。

ステップ3　各コーナーの成果に責任をもたせる

生徒と一緒に目標達成の基準をつくります。各コーナーの学習を進めるために必要なスキルを一緒に調べ、最後にどのようになっていれば「目標達成」と言えるのかを決めてもらいます。「ハック3」で述べたように、私たちはカリキュラムや指導事項の言葉を教えていますので、生徒は学習評価の必要性を理解しています。

たとえば、秘密の読書コーナーでは、生徒はしばしば小グループで本を読み、話し合いを行います。(8) もし、その活動の成果に対する責任を生徒にもたせるとしたら、どのような言葉がよいでしょうか(生徒が理解できるものになるでしょうか)? コーナーの目標について知っていることや、自分たちが使っているスキルについての理解を総動員して、チャートや基準リストをつくってもらいましょう(学習センターを使わない授業の日に、グループ全体につくり方を教えます)。彼らのリストは、次のようなものになるかもしれません。

・割り当てられたページが読めるようになります。
・読みながら、メモや注釈をとったりします。
・必要なときには、本の中身に対して問いがもてるようにします。
・本に対する疑問についてクラスメイトと話し合います。
・自分の読んでいる本をほかの本と結びつけます。

お分かりですか? 各コーナーの内容に応じて、生徒は授業で何ができるようになればよいかを示す「できることリスト」がつくれるのです。振り返りの時間には、これらの言葉を使って、この時間で何ができて、次の時間に何を学ぶ必要があるのかについて共有してもらいます。

このように、責任を果たすための指標が生徒から得られれば、彼らが各コーナーで必要とされることを十分に学んでいるかどうかが判断できます。

ステップ４　振り返りの計画を立てる

タイマーを授業終了の八分前に鳴るように設定しておき、コーナーでの学びを生徒に振り返ってもらいます。振り返りの質問として、次のようなものが考えられます。

・このコーナーで学んだことは何ですか？
・今日の学習は「目標達成」と言えますか？　その根拠は？
・今日の授業の成果と言えるものは何ですか？
・今日の授業で、どのような方法を使いましたか？
・次の授業では、どのような方法が使えそうですか？
・次の授業で、焦点化して学びたいことは何ですか？

目標シート（学習の目標を書いたもの）の裏面に振り返りシートを貼り、目標シートに沿って振り返ってもらいます。教師のコメント欄もつくっておけば、生徒と簡単な対話が行えます。次

（８）　本について小グループで話し合って理解を深めるよい方法としてブッククラブがあります。『改訂増補版　読書がさらに楽しくなるブッククラブ』（吉田新一郎、新評論、二〇一九年）と『リテラチャー・サークル実践入門』（ジェニ・ポラック・デイほか・山元隆春訳、二〇一三年、溪水社）を参考にしてください。

の時間で学習センターを使うときには、振り返りの内容とコメントを読んで、次に学ぶべきことをはっきりさせてもらいます。

ステップ5　振り返りを今後の学習センターにいかす

振り返りシートは、生徒が何を考え、感じ、学んでいるのかを教師が見取るものです。それは、何がうまくいき、何がうまくいかなかったのか、さらには（彼らが言葉にできるのであれば）その理由が何かを共有する場でもあります。私たち教師は、それらの情報を参考にしながら、クラスや生徒一人ひとりのニーズと希望にこたえるために学習センターを修正したり発展させたりします[9]。

たとえば、あるコーナーの振り返りに目を通すと、多くの生徒には時間が足りなかったことが分かるかもしれません。一方、肯定的な振り返りからは、生徒の気に入ったコーナーが分かるかもしれません。このような情報をもとに学習センターの配置を考え直していくと、生徒のニーズや希望により沿ったものとなるでしょう。生徒と一緒に学習センターをつくる方法については「ハック3」を参考にしてください。

生徒の振り返りに目を通し、全体の傾向や、少数でも傾聴に値する声をメモしておけば、今後の学習センターに役立ちます。

課題を乗り越える

「もちろん、生徒に学習をコントロールしてもらうというのは素晴らしい考えだと思いますが、それを実現するのは簡単ではないでしょう」

このように言う同僚がいるかもしれません。けれども、「隠れたリーダーを呼び覚ますのだ」と決心した以上、私たちは批判する人たちの声を抑え、自分たちは生徒に最善の学びを提供していると確信しながら進んでいかなければなりません。では、このような批判や不満に対して、どのように立ち向かえばよいのでしょうか？

生徒たちがお互いをリードしあうなど、できるはずがありません

教師は「生徒は学びのオウナーシップをもてない」と考えがちですが、実際にはできるのです。

---

(9)　日本の授業で一番弱い部分は、この点ではないでしょうか？　とくに、訳者らが専門にしている国語の授業では、読み書きの力を育むのではなく、教材内容の理解をベースにした授業が非常に多いです。前者の場合は、生徒のつまずきや習熟度、進捗に応じて授業が修正・発展されていく可能性がありますが、後者では単元ごとの発展性や系統性が見えなくなってしまい、同じような授業を繰り返すことになってしまいます。

多くの場合、生徒に学びをコントロールしてもらうことに教師が不安を感じてしまうため、生徒たちは協力して活動できないだけです。

私たちは、教室や学校のすべての生徒が、大人が介入することなく協力しあって活動できるようにあらゆる努力をしなければなりません。そのためのルーティーンや仕組みを一度つくってしまえば、教師が常に見ていなくても生徒は成長していきます。その分だけ、教師は必要に応じて、より多くの生徒（とくに、助けを必要とする生徒）とかかわるための時間をつくりだすことができるのです。

なかには、生まれながらにしてリーダーの気質を備えた生徒がいます。確かに、生徒一人ひとりの個性は違いますし、ごく自然にそのような振る舞いができる生徒もいるでしょう。しかし、私たち教師は、いつもリーダーに選ばれている生徒を把握するだけでなく、自分ではなかなかリーダーとして踏みだせない生徒の力を最大限引き出す必要があります。そのような生徒に対しては、私たち自身がモデルを示して、成長マインドセットをもたせていきたいものです(10)。

現時点でリーダーでないからといって、その生徒がリーダーとして成長できないということはありません。私たちが生徒の資質を見抜いて、認めさえすれば、生徒は自分自身やクラスメイトをそうした視点で見るようになります。

リーダーへのヒント

新しく学習センターに取り組む教師が出てきたら、「もう一人の教師」を務めると申し出ましょう。管理職として脇から眺めるのではなく、同僚として、腕まくりをして一緒に取り組むのです。特定のコーナーに生徒と一緒に参加するか、助けを必要としている生徒のところに飛びこんでいきましょう。

初期の段階では、大人の目が増えることで混乱が収まる場合もあります。生徒と一緒に楽しみましょう。

複数グループの活動計画を考えるのは負担が大きいです

授業時間の使い方に対する固定観念を変えることが大切です。生徒がスキルや方法を学ぶためには、いずれにしても「教える時間」が必要です。その時間を二週間も続けるのではなく、ミニ・レッスン（三一ページの注参照）という形に変えたらどうでしょうか？　そうすれば生徒は、クラス全体が同じ目標に到達するのを待ったり、何度も教え直しを受けることもなく、各コーナーで活動して課題を完了させていきます。

自分のペースで取り組み、ある目標に到達した生徒は次の日

(10)　成長マインドセットは、「人間は努力することで自分の意思により人生を変えていくことができる」という考え方です。それに対して、固定マインドセットは「人間の能力や性格は生まれつき決まっていて、あとからは変えられない」というとらえ方です。詳しくは、『マインドセット「やればできる！」の研究』（キャロル・S・ドゥエック／今西康子訳、草思社、二〇一六年）や『オープニングマインド』（ピーター・ジョンストン／吉田新一郎訳、新評論、二〇一九年）を参照してください。

標へと進みます。一方、さらに手助けが必要な生徒に対しては、その時間を使って教師が教え直すほか、ほかの生徒への支援を行います。

一斉授業のほうが効率的です

効率と効果は別の話です。学習センターを使った授業でも、教師はミニ・レッスンの形で一斉指導を行っています。こうすれば、生徒が「授業の内容を自分のものにする」個人活動の時間がたくさん確保できるのです。各コーナーでは、生徒一人ひとりに応じた指導が行われます。教師は生徒を観察し、彼らのニーズに応じて個別指導やグループへの指導を行うなど、柔軟に振る舞います[11]。

ハックが実際に行われている事例

著者の一人であるキャレン・ターウィリガーは、六年生のジョシュの助けを借りて、生徒の能力を最大限に引き出す実践を行っています。

ジョシュは毎日教室に入ってくると、本を選ぶために本棚へ直行するような生徒です。英語

（国語）教師にとっては、夢のような生徒でしょう。彼は本を読むのが大好きなうえ、教室の中で大人と話すのも大好きですが、何かを書くという作業はあまり好きではありません。

これまでにも、書くのを嫌がる生徒に出会ったことはありますが、ジョシュほど「書きたくない」と主張する生徒は初めてでした。私が手助けしたり、何が問題なのかと質問すると、いつも「分からない」、「自信がない」、「何も覚えていない」と言うのです。私が何を質問しても、どんな提案をしてもまったく興味を示さず、読書に戻ってしまうのです。

クラスのみんながペアや小グループで活動しているときも、ジョシュはその場から離れて一人で座っていました。ビーンバッグチェアやテーブルに座って、秘密の読書コーナーで過ごしていました。

両親に話を聞くと、こうしたジョシュの行動は「今にはじまったことではない」と言います。彼は読書にかなりの情熱を傾けており、「読書は彼の情熱そのもの」と言ってもよいくらいでしたが、何かを書くことには難しさを感じていました。ジョシュが書けるようになるためには、彼

(11)　一斉指導、グループ指導、協働学習、個別学習という形態の異なる学びを一つの授業のなかでうまく使いこなす方法については、『「学び」の責任は誰にあるのか』（前掲）で分かりやすく紹介されています。

とゆっくりとした関係をつくって、口で言ったことだけでなく紙に書いたこともとても重要なのだと示す必要がありました。とはいえ、決して簡単なことではありませんでした。

最初はジョシュ一人で活動させていましたが、そのうち私が彼のパートナーになりました。そこでの個人的なカンファランスでは、「次の時間は○○をしよう」とアイディアを出してくれるのです。そこで活躍したのが「黄金の提案箱[12]」でした。

疑問やアイディア、学習センターで困っていることを、生徒が「黄金の提案箱」に書き入れます

初日からこの提案箱を使って、生徒に「これでコミュニケーションがとれますよ」と知らせました。この箱には、誰もが疑問やアイディア、活動で生じた問題を紙に書いて入れられますし、私はそれらをすべて読んでいます。

ジョシュが自分の関心やアイディアを打ち明けてくれたとき、私は「忘れちゃいけないから、紙に書いて『黄金の提案箱』に入れてくれますか?」と伝えました。彼は半信半疑のようでしたが、自分の気づきやアイディアを書いて入れてくれるようになりました。

彼が書いたものには、「生徒は絵を描くのが好きだし（彼も好きでした）、漫画を描くのも好きなのではないか？」と書かれていました。これが、彼のアイディアがコーナーとして実現した最初の出来事でした。グラフィック・ノベルの制作はアート・コーナーの活動となり、ほかの生徒から好評を博しました。

自分のアイディアが実現したのを目の当たりにしたとき、彼は言いました。

「僕のアイディアを本当に読んでいたなんて信じられないよ」

私が「黄金の提案箱」のコメントを本当に読み、アイディアを参考にしているという事実が生徒に知れわたると、すぐに箱がいっぱいになりました。とくに、内向的で従順な生徒をはじめとする、思いもよらない生徒からアイディアが出されるようになりました。

当然のごとく、私の机の上は実現を待ち望む小さな紙きれでいっぱいになりました。生徒が授業をつくってくれるので、私の仕事は資料を探すことだけ、となりました。次の学習センターで使える資料やウェブサイトを、生徒が提案してくれるときもありました。

そのなかで生まれたのが、「教師のテーブル」というコーナーです[13]。この

(12)　二六ページで紹介された「声を集める箱」と同じものだと考えられます。

自分のアイディアが実現したのを目の当たりにしたとき、彼は言いました。「僕のアイディアを本当に読んでいたなんて信じられないよ」

アイディアは、授業の課題、とくに書くことに関する課題を仕上げるのに時間がかかっている生徒から生まれました。

私が驚いたのは、ジョシュがこのコーナーを選んだという事実です。自分の文章を夢中になって修正していました。自分の経験について書いたものを提出するとき、私のところにやって来た彼が興奮気味に言いました。

「今までで一番たくさん書きました！」

それは、三ページにも及ぶものでした。

また、私がどんなに頑張っても効果がなかったときには、思いもかけないリーダーが現れました。リーダーとなった彼女は、ジョシュとの友情が芽生えたのをきっかけに、彼をサポートするようになったのです。

二人は、よく同じコーナーを選んでいました。ブックトークのような会話にも心地よい様子で取り組んでいましたし、そこでの話し合いは深い内容をもっていました。それは、グループでの話し合いがお互いの考えを見つめ直し、新たな発見を生みだすものであったことからも明らかでした。

アンケートや振り返りのなかで彼女は、「教師になりたい」と言っていました。彼女は自分の辛抱強さを自覚しており、指示を言い換えたり、分かりやすく説明するためのコツを知っていたので、励ましや助けを必要としている生徒と一緒に活動するケースが多い生徒でした。

これは、みんなにとってもプラスでした。まるで、教室にもう一人の教師がいるような感じでした。彼女がクラスメイトに進んで話しかけ、助け、活動に参加するようにと後押ししている姿を見たとき、私は彼女を呼び止め、その能力の素晴らしさを褒めずにはいられませんでした。

それに、彼女の姿からほかの生徒も学んでいきました。学習センターで困っている様子の生徒を見つけると、すぐに助けあうようになったのです。

年度が進むにつれて、ジョシュは「書く」という行為に苦痛を感じなくなり、楽しみにさえするようになりました。そして、クラスの真のリーダーとなり、「黄金の提案箱」へ定期的にアイディアを書いて入れるようになったのです。その多くは、ライティング・コーナーを発展させようとするものでした。

ローテーションのなかで彼のアイディアをいかしていったことで彼の自信は高まり、教師やクラスメイトとの関係もよくなりました。ライティング・コーナーの「専門家」になり、困っているクラスメイトを助けるようにもなったほどです。年度当初の彼の姿勢からは想像もできない出来事で、「書く才能」が開花した素晴らしい瞬間でした。

---

(13)　一三三ページの写真において、下から三番目に「make up」と書かれています。これが、「埋めあわせする（課題を仕上げる）」コーナーです。

生徒のリーダーシップは、思いもかけないところで成長するものです。素晴らしい能力をもった生徒やリーダーを発見できるかどうかは、安心して声を上げられる雰囲気づくりにかかっています。次の質問に対するあなたの答えを考えてみてください。

❶誰も気づいていない影のヒーローを、称賛しないままにしていたことはありませんか？　どうして、そうなってしまったのでしょうか？

❷内向的な生徒のリーダーシップを高めていくために、学習センターをどのように活用しますか？

❸学習センターでの個人活動の時間において、自分では考えもしなかった資質に生徒が気づき、高めていくために、教師として何ができますか？

生徒が本音を語り、アイディアが共有できる空間をつくれば、かつては教師や自己主張の強い生徒だけが担っていた場所にほかの生徒も踏みだせます。すべての生徒がリーダーになれます。私たちは、彼らが踏みだせるように、彼らに光を当て、勇気づけるだけでよいのです。

ハック5

生徒のアカウンタビリティー[*1]のレベルを上げる

生徒の自己評価こそを重視する

一人ひとりの責任は、自分のやり方のまちがいを
認めることだけにあるわけではない。
それは、個人や協働でまちがいを正そうとする
意欲と能力にある。

（イェフダ・バーグ）*2

（＊1）「説明責任」と訳されますが、それが占める割合は3分の1か4分の1で、実は「結果に対する責任」です。この章自体、「説明責任」と訳してしまうと内容がボケてしまいます。

（＊2）（Yehuda Berg）作家、神学者です。

問題　評価は教師一人で行うショー

教師がテストを作成し、採点する。教師がフィードバックを提供し、誰が正しいのか、何がまちがっているのかを判断する――このような伝統的な指導法では、すべての評価に責任をもっているのは教師となります。課題設計から達成の判断まで、すべてを教師一人が担当しています。しかし、「一人の教師がすべてを評価する」方法[1]では、しばしば学びの「本物らしさ」を損なわせ、客観性を歪めてしまう場合があります。

教師は、生徒が何を知っていて、何ができるのかについて先入観をもっている場合があり、何を改善すべきかについて誤った判断をすることがあります。また、生徒の学習状況を一人で見取ろうとしているうちに本当に必要な指導機会を逸してしまうと、一人ひとりの生徒に適した学びがなかなか提供されず、最終的には生徒の結果にも影響を与えてしまいます。

評価は、「正解」、「不正解」の二択では測れないほど、微妙で複雑な営みです。それにもかかわらず、学校は世界で唯一、大人数の集団（生徒）に対して、たった一人の教師がすべてを評価する場所となっています。このような矛盾を抱えている現状が、教師による評価という営みなのです。

もし、評価という支配権を手放すことができれば、教師は生徒の成長をもっと助けられるかもしれません。小グループで学びを進める学習センターでは、「複数の観点」(2)から生徒の学習を把握できるので、生徒が何を知っていて、何ができるのかについてより多面的な理解が可能となります。

一つのクラスにはさまざまな状態の生徒がいます。なかには、混乱状態という生徒もいるでしょう。そのような状況で、ある一つの評価の観点を全員に当てはめたとしても、生徒が何を知っていて、何ができるのかを理解するのは難しいものです。

この難問に対する答えの一つとして、具体的な目標に焦点を当てた複数のコーナーを教室内に設けることが挙げられます。具体的な目標に沿って自己評価したり、自分が設計したコーナーを自ら評価することによって、生徒は知っていることを表現したり、自らの成長を記録したりするなど、より積極的に取り組むようになります。

(1)　原語は「one-person audience（ひとりのオーディエンス）」です。生徒にとって、自分の成長を認めてもらう対象は教師一人だけという状況を指します。教師一人が評価の絶対的権限を握っているということです。

(2)　学習状況を的確に把握するためには「単一の観点」ではなく「複数の観点」をもつ必要があります。本章では、そのためのアイディアが数多く紹介されるとともに、思慮深い自己評価力を育てる方法が示されています。

ハック　生徒のアカウンタビリティーのレベルを上げる

自己評価の方法は自然に身についていくものではありませんので、最初のうちは分かりやすいモデルを示しながら教える必要があります。まず、目標を明確にし、生徒が理解できる言葉で提示します（つまり、「これから何を学ぶのか？　なぜ、それを学ぶのか？」を明らかにするということです）。

次に、自分たちが知っていることやできることをさまざまな方法で教えあう掲示板（ウェブ上も可）を用意します。生徒が自分で目標を設定し、それを達成するためにはどうすればよいのかについて話し合えば、生徒が経験できる学習範囲は広くなります。

評価は「複数の観点」から行われますが、それでも学びの全体像が見えてこない場合があります。学ぶことに抵抗感をもっている生徒の場合はとくにそうです。課題に取り組まなかった生徒に対しては合格も不合格も出せないのです。

最終的な目標は、セルフ・アドヴォカシーが身につくように生徒を手助けすることです。そのためには、自分の学習行動を明らかにし、振り返り、修正する方法を示す必要があります。

効果的な自己評価は、自分の経験を他者と共有し、他者とのコミュニケーションを促します。そのコミュニケーションは、生徒に達成感をもたらすための手がかりを教師に教えてくれるかもしれません。

授業中に生徒とカンファランス（九五ページおよび三五ページの注参照）を行い、生徒の振り返りに基づいて会話をすれば、生徒一人ひとりに適した効果的な指導が実践できます。少人数や一対一の形式で行えば、生徒はカンファレンスに集中できますし、教師は各コーナーがどのように機能しているのか具体的に理解できます。活動をさらに自分にぴったりのものにするために、カンファレンスのような評価方法を活用して、自分の目標やニーズに適したコーナーを選択するようにと生徒を促しましょう。

あなたが明日にでもできること

コーナーにおける自らの成長を自己評価するためのツール[3]を開発する方法として、次のようなものがあります。最終的な目標は、セルフ・アドヴォカシーが身につくように生徒を手助けすることです。そのためには、自分の学習行動を明らかにし、振り返り、修正する方法を示す必要があります。これを一度身につければ、生徒は目標に向かって進んでいけるようになります。

振り返りシートを作成する

授業の終わりの三〜五分間を使って、コーナーの目標に基づいて自分の学びを評価してもらいます。たとえば、次のように問いかけましょう。

・目標は何でしたか?
・目標は達成できましたか?
・「うまく学べた」と言える根拠は何ですか?

最初の数回は、振り返りの仕方をモデルで示したり、よく書けている生徒の振り返りシートをクラス全体で共有するとよいでしょう。各コーナーに応じた記入例を示せば、少人数のグループで個別作業をするときに生徒は振り返りの方法を思い出すでしょう。

学習行動を分析するチームリーダーを選出する

生徒をアシスタントに任命すれば、教師は助けを必要としているコーナーに多くの時間が割けます。チームリーダーには、学びに集中して取り組んでいる状態(オン・タスク)と集中していない状態(オフ・タスク)を集計し、集中していない状態が多すぎる場合にはグループに対して注意するように依頼します。もし、そのような状況になった場合には、グループ活動を軌道に戻してもらうとともに、「授業終了後に報告するように」と伝えて、必要に応じて授業中の様子を記録したメモを提出してもらいましょう。

また、初めから活動に取り組もうとしない生徒がいる場合には、すぐに教師を呼んでもらい、コーナーでの学習時間が短くならないようにします。

教師の話にメタ認知を含める

「読み聞かせ」や「考え聞かせ」（一〇五ページの注参照）を行ったり、生徒に事例を共有したりするときには、メタ認知の状態を言葉で示しながら、活動中に頭の中で考えたことについて話し合います。たとえば、次のように話します。

「この数学の問題を解いた方法を振り返るために、私が辿った手順を確かめていきます。最初に数字のパターンを見て、使いたい方法を選びました。最初の方法を試したときはうまくいきませんでしたが、そこで落ちこむことなく、別の解決方法があるはずだと考え直しました。どこでミ

（３）（self-advocacy）ほかの人に依存するのではなく、自らが責任を引き受け、ほかの人に理解してもらうためにどのようなサポートを必要としているのかを自ら主張するという意味です。本書の内容に即して言い換えるならば、自分はどのようなニーズや学習スタイルをもっているのか、何をどのように学びたいのかを主張・説明できるといったことを意味します。

表5－1　生徒が初めに作成したオン・オフリスト

学びに集中して取り組んでいる（オン）	学びに集中していない（オフ）
・ゲーム（学習）をする／準備する。 ・ルールを守る。 ・注意深く取り組む。	・無駄話をする。 ・話し手の邪魔をする。 ・よそ見をする／ぼーっとする。

スをしたのかと考えたことによって、じっくりと時間をかけて別の方法が試せましたし、答えにも至りました」

進行中の思考を言葉で伝えれば、メタ認知を用いた学び方を各コーナーに適した形で生徒に示せます。

学習目標には、感情と社会性（ＳＥＬ）(4)にかかわる期待を必ず含める

各コーナーで課題をはじめる前に、グループ内でブレインストーミングを行い、そのコーナーで求められる学習行動や期待される学習成果を（想定外のものも含めて）生徒同士でリストアップする活動を取り入れてみましょう。

中高生は、学校生活を送るなかで、教師がどのような種類の行動を期待しているのかに気づいています。この「リスト」を作成することによって生徒はオウナーシップをもち、学習センターで協力して取り組む際に必要とされる社会的態度を意識的に示せるようになります。なお、学習センターで学ぶときに求められる態度は、従来の教室で学ぶときに求められているものとは異なる場合があります。

表5－2　授業中の出来事をもとに修正されたオン・オフリスト

学びに集中して取り組んでいる（オン）	学びに集中していない（オフ）
・ゲーム（学習）をする／準備する。 ・ルールに従う。 ・注意深く取り組む。	・無駄話をする。 ・話し手の邪魔をする。 ・よそ見をする／ぼーっとする。 ・ルールを勝手に替える。 ・モノを投げる。

私のクラスの六年生がつくったリストには、「**期待される行動**」として、「教室内で使うのにふさわしい声の大きさで話す」、「課題に集中し続ける」、「チームのメンバーに助けを求める」、「コーナーを清潔に保つ」、「教材を適切に使う」、「反論するときには相手を尊重する」などが挙げられています。

一方、「**期待されない行動**」としては、「声が大きすぎる」、「無駄話が多い」、「ほかの活動をする」、「ほかの人と口論する」、「ほかの場所をウロウロする」などが挙げられていました。

あるグループは、コーナーで起こった出来事に基づいて授業の終わりにリストを修正していました。**表5－2**の、最後に書き加えられた二つの項目を見てください。

（4）　人は知的な部分だけを学ぶのではなく、感情や人間関係を伴いながら学んでいます。どちらかというと、後者のウェートのほうが多いぐらいです。それが、一九九〇年代からＥＱのほうがＩＱよりも人生で成功するには大事だ、と言われはじめた理由です。詳しくは、『感情と社会性を育む学び（ＳＥＬ）』（前掲）を参照してください。

最終的なリストができあがったら、それをコーナーに掲示しましょう。そして、学習行動が定着したら掲示物を貼りかえて、学びに集中している生徒の様子を示す写真や、新たに期待される項目などを掲示しましょう。

完全実施に向けての青写真

ステップ1　生徒向けの言葉を使って、指導事項が明確になるように心がける

小グループの活動に向けて準備をするときには、よく登場する指導事項の内容についてクラス全体で確認しましょう。指導事項をリストアップし、生徒が理解できる言葉で書き換え（生徒と一緒に書き換えるのもよい方法です）、そのリストを教室に掲示します。振り返りや目標設定の際に参照できるよう、各自がリストをフォルダーやバインダーに保管するとよいでしょう。

リストを見えるようにしておけば、生徒が何を学んでいるのか、なぜそれを学んでいるのか、どのようにすれば目標が達成できるのかについて理解しやすくなります。また、今取り組んでいるコーナーでの活動と指導事項を結びつけるのにも役立ちます。目的や理由を明確にすれば、より有意義な学びがつくりだせるのです。

生徒が目標シート（一六四ページの**表５－３**参照）を記入する際には、自分が上達した・得意だと感じている学習内容は何か、それをどのようにして知ったのか、また、これからどのような活動に取り組むのか、目標達成に役立つのはどのコーナーか、という点も書き加えるように促します。(5) 目標や振り返りの言葉をクラス全員で共有すれば、混乱を避けるための鍵にもなります。

ステップ２　プロセス（過程）とプロダクト（成果物）の違いを教える

コーナーでの学習プロセスを早く駆け抜けたい、と思う生徒がいるかもしれません。彼らは、何よりも早く終わらせたいと思っており、つくっている成果物の質にはこだわりません。もし、該当する生徒がいる場合には、手本となる成果物を示したうえで、そのレベルに到達するためにはどのような方法があるのかについてコーナーで話し合ってもらいましょう。

そして、最終的な成果物ではなく、あくまでも学習プロセスが重要であると示すために、「慎

(5)　これらの項目は、**表５－３**の振り返りシートには示されていないのですが、学びのメタ認知やオウナーシップを促すうえで重要なものばかりです。「上達したと感じた学習内容は何ですか？　どうしてそう言えるのですか？」、「これからはどのような学習に取り組みますか？」、「あなたの目標達成に役立つのはどのコーナーですか？」といった問いかけを利用してみましょう。

重に作業したり、努力したり、修正したり、改善したりするために、建設的なピア・フィードバックを得ることに大きな意味がある」と生徒に伝えてください。

また、各コーナーに大まかな制限時間を設定し、生徒が行動する際のガイドラインを作成するといった方法も効果的です。制限時間は授業の長さによって異なります。時間切れになったあとでも生徒が別のコーナーに移動できるかどうか、移動できる場合には、どうすればほかの生徒の迷惑にならないように移動できるのかについても考慮する必要があります。

授業終了時の混乱を避けるためには、コーナーごとに、成果物の置き場所を設定する、出口チケット（三三ページの注参照）や振り返りシートを記入するなど、「授業終了時のルーティーン」を設定するとよいでしょう。色で区別した整理箱と、それに対応するポケットフォルダーを使用すれば、毎日の授業やコーナーごとに成果物の整理ができるので便利です。

ステップ3　感情と社会性（SEL）のスキルと認知スキルとに分けて掲示板を設置する

各コーナーで生徒が取り組んでいる様子を写真に撮り、そこで発揮されているSELのスキルを従来の知識・技能と関連づけて教室に掲示しましょう。成果物や課題、それらに対する教師からのフィードバックを、指導事項を記入したラベルとともに表示します。こうしておけば、管理職やゲストが訪問する際、教室内で行われているあらゆる学びの様子を写真で示せます。

さらに一歩進んで、掲示板の管理を生徒に任せてみましょう。こうすれば、生徒は教室内のさまざまな場面を収集・投稿するプロセスのパートナーとして責任が果たせるだけでなく、生徒の活動を教師自身が管理したり、投稿したりする手間が軽減され、より優先順位の高い仕事に時間を割くことができます。

能動的に取り組んでいる生徒の様子を記録しましょう。豊かな会話をしたり、順番に話したり、助けあったり、アイディアを共有したりしている生徒の姿を撮影しましょう。許可が得られれば、これらの写真を教室内の掲示板や教師のウェブサイト、さらにはソーシャルメディアに投稿します。その際は、画像のオンライン投稿に関する教育委員会の指針に注意してください（一般的に、生徒が一八歳未満の場合、書面による保護者の許可が必要です）[(6)]。

ステップ4　掲示板をレファレンス・ポイントとして活用する

掲示板は、一種のレファレンス・ポイント[(7)]として、学習センターで学ぶ生徒をはじめとして、保護者会や職員会議のときに活用できます。一年間を通して、生徒自身が撮影した成果物の写真

（６）生徒の様子をインターネット上に投稿することは、日本ではまだ理解が得にくい状況です。まずは、学級通信や学校新聞での掲載を考えてください。
（７）次に何をすべきか困ったときに、まず参考にする場所（参照先）という意味です。

（デジタル・ポートフォリオを使用している場合）や実際の成果物（紙のポートフォリオを使用している場合）をポートフォリオとして蓄積すれば、学習センターでの一年間をすべて思い出すことができます。このような方法で進捗状況の追跡ができるようにしておけば、生徒自身が視覚的に成長を確認する場合に役立ちます。

掲示板は、教師が意図する指導事項にあわせて変更可能です。さまざまなモデルを掲示すれば、生徒自身が活動とモデルを比較するのも可能になります。学習センターの活動では、本来の力を発揮できるコーナーが生徒によって違いますので、掲示板で全員が紹介されるように、意図的に生徒をローテーションさせるとよいでしょう。

ステップ5　具体的で試したくなるフィードバックを提供する

課題として生徒に求めた内容についてだけフィードバックするのではなく、また、あらかじめ用意された言葉を形式的なやり方でフィードバックするのでもなく、振り返りや過去の活動での目標を見直し、つまずきに焦点化した、次に試したくなるフィードバックを提供しましょう。

これは、学習センターでの振り返りや、学習センターで行ったカンファランスに基づいて、個別化された学習機会をもう一度提供することにもなります。たとえば、仮説を立てる段階でつまずいている生徒には、スムーズな仮説づくりに役立つフィードバックを提供します。

算数・数学では、ある特定の方法を使って問題を解くことをマスターしている生徒に対して、「別の方法を試してみるように」と促しましょう。問題が難しくなればなるほど、解決する方法が何種類かもてるようになります。このような状況において、生徒がさまざまな方法を協働で試せるような「問題解決コーナー」をつくるというのも一つの方法です。

仮に、文章を書く授業において、生徒が記事にリード文をつけるという作業に取り組んでいるとします。リード文を書くための方法をいくつか教えてもまったく効果がないときには、同じストーリーに対して二種類の異なるリード文を教師が用意し、「どちらが効果的かを考えるように」と提案してみましょう。

生徒が取り組んでいる内容を理解すればするほど、フィードバックはより焦点化されたものになります。積極的に応援するだけではいけません。私たちは、常に、生徒が上達していけるように励まさなければならないのです。また、まちがっているところを見つけたら、そのまま放置してはいけません。正しくない理由を伝えて、修正するための方法を教えましょう。もし、その方法を必要とする生徒が何人もいる場合は、そのためのコーナーを設置してもよいでしょう。

ステップ6　生徒と学びについて話し合い、新たな目標を設定する

生徒自身が学びを適切に評価できるようになったら、カンファランスの時間をセンターに組み

表5－3　目標シートの書式例（一つのコーナー用）

学習センターでの目標と自己評価

コーナー名：＿＿＿＿＿＿＿＿コーナー

日付 目標	目標をどれくらい達成できましたか？ うまくいったことは何ですか？	次は何をどのように修正しますか？	次の目標は何ですか？
月　日 目標			
月　日 目標			
月　日 目標			

表5－4　振り返りシートの書式と記入例（ローテーション用）

振り返りシート

日付 コーナーの名前	振り返り 何をしましたか？　どのように感じましたか？　修正が必要なことは何ですか？	フィードバック
2019年3月13日 1日目 リスニング・コーナー	今日はリスニング・コーナーでオーディオブックを聞きました。とても楽しかったです。本は最後まで終わったけど、パドレットの投稿が終わりませんでした。	OK。パドレットの投稿を終えたら、新しいコーナーに行きましょう。
2019年3月15日 3日目 手紙	今日は、ライティング・コーナーに行きました。ムハンマドさんへの手紙を書きました。書き終えました。	ムハンマドさんに手紙をわたしました。彼は「ありがとう」と言っていましたよ。
2019年3月19日 5日目 秘密の読書コーナー	秘密の読書コーナーに行きました。まだ読み終えることができていません。今日は14ページを読みました。	集中していました。読むことを継続しましょう。あまり好きではない登場人物は誰ですか？

（注）本書で紹介されている振り返りシートは、大きく分けて二種類あります。一つは**表5－3**のように、一つのコーナーでの学びに焦点を当てたシートです。そのコーナーの目標に基づいて、達成できたことを毎回自己評価します。もう一つは、一定期間中に複数のコーナーを回ること（ローテーション）に焦点を当てたシートです。**表5－4**がこれに当たります。なお、**表5－4**は、原書に資料として掲載されている事例の一部を訳出したものです。一人の生徒がいろいろなコーナーを回っている様子が想像できると思います。

こみます。三人～五人の生徒とのカンファランスからはじめましょう。クリップボードに挟んだチェックシートを使って、話し合った生徒のことを記録します。生徒も、目標シートに会話の記録を残し、フォルダーに保存して簡単にアクセスできるようにしていきます。必要に応じて、各コーナーに設定した指導事項の用語を使いましょう。シートの様式や生徒の記入例については、**表５－３**や**表５－４**を参照してください。

ステップ７　生徒とのカンファランスを活用して指導を調整する

観察メモでいっぱいのクリップボードを持って教室を歩き回りながら生徒のなかに入っていき、教師の観察結果を生徒が分かる言葉で共有しましょう。次のように会話をはじめましょう。

・私が気づいたことは、……。
・改善するために何ができますか？
・私は……に気づきました。あなたが……についてどのように考えているのか知りたいです。
・あなたは……がうまくできていますね。
・この成果をどのように発展させていくとよいと思いますか？

生徒の考えを大切にしながらカンファランスのメモをとり、生徒から聞き取った内容と関連させながら指導計画を作成します。クラス全体のより大きな目標とともに、各生徒、各グループに応じた個別の目標が見えてくるはずです。これらの会話から明らかになった内容に基づいて学習センターを調整してください。

課題を乗り越える

自己評価は生徒にとって重要なツールである、と私たち教師の多くが知っていますが、生徒に責任を実際に委ねれば別の問題が生じると感じている人もいるでしょう。しかし、セルフ・アドヴォカシー（一五五ページの注参照）を本当の意味で教えるためには、生徒自身が自らの「強み」と「弱み」を意味のある形で把握しなければなりませんし、教師はそのデータの使い方を知っておく必要があります。

ここでは、生徒の自己評価を中心に据えた学び方・教え方に移行する際に遭遇する恐れのある問題と、それに対処するための方法について説明します。

生徒は、自分自身を適切に評価できない

生徒は、自分が知っていることやできることを誇張しがちだ、ということは誰しもが理解して

いるでしょう。友人が行っている様子を見ただけで、自分も同じことができると思いこむ場合があるくらいです。しかし、自己評価の方法を効果的に教えることができれば、こうした心配はなくなるかもしれません。

取り組んでいる様子をどのように評価してほしいのか、モデルで生徒に示しましょう。チェックシートやルーブリックを使えば、そのコーナーでねらいを達成したかどうかについて生徒は簡単に判断できるでしょう。

生徒同士をパートナーにして、コーナーで相互評価を実施しましょう。その際、教師は相互評価の内容を検証するために別のデータを持っておく必要があります(8)。もし、生徒の自己評価と教師による評価が一致しなければ、一対一のカンファランスをぜひとも実施してください。そうすれば、生徒はより率直に語ってくれるでしょう。

生徒に成績をつけるのは教師の仕事だ

授業をコントロールしたいという教師の気持ちと、成績をつけるという権限は深く結びついています。授業がコントロールできなくなることを心配するあまり、生徒のあらゆる面を評価しな

---

(8)　生徒の自己評価が妥当かどうかを確かめるために、手控えとなるデータを教師が持つという意味です。

ければならないと考えてしまうのです。しかし、私たちに必要なのは、教室にはいつも責任感をもって学びに立ち向かおうとしている生徒がいると思い出すことです。アカウンタビリティー（結果に対する責任）を果たそうと意識している生徒は、大人が一人しかいないような教室の中で大いに教師を助けてくれます。

教師の仕事は生徒を決めつけることではなく、彼らを観察し、ガイドし、データを記録することです。学習センターは、教師から権限をわたされた生徒が中心の空間において、生徒が望ましい結果と成功経験が生みだせるようにサポートする一つの方法なのです。

常に、人は自己評価をしています（作品の完成後だけでなく）。生徒が思慮深く振り返り、自己評価できるように手助けしましょう。今日うまくいったことは何か、さらによくするために何ができるのかといった具体的な質問に答えられれば、生徒はどのような作品を制作し、出版しようとしているのかについて考えるようになるでしょう。

最初のうちは、振り返りシートを学習計画表のすぐ後ろに配置し、必要に応じて教師のレビューやコメントを書き加えます。このフィードバックは、成績評価に関するカンファランスをはじめるきっかけともなります。つまり、生徒の自己評価や教師のフィードバックに沿って成績をつけるということです。成績評価のプロセスに生徒を加える方法については、『成績をハックする』（スター・サックシュタイン／高瀬裕人ほか訳、新評論、二〇一八年）を参照してください。(9)

リーダーへのヒント

管理職は、各教師が学習センターの実践と開発に柔軟に取り組めるような仕組みづくりに全力を注いでください。生徒の学び方に絶対的な正解がないのと同じく、学習センターの実践・開発にも絶対的な正解はありません。

学習センターを実践・開発するとき、教師はクラスの編成、生徒の人数や力量といったさまざまな構成要素を考慮していきます。そのよさが十分に発揮されるためには、柔軟に考えられる裁量を教師に与える必要があります。学習センターに取り組もうとしている教師には、可能なかぎり建設的なフィードバックを行うとともに、まだ学習センターについて十分な理解をしていない教師を非難しないようにしてください。

生徒には責任を果たそうとする気持ちがない

しばしば、生徒にはやる気がない、と教師は考えます。おそらく、それまでに学びをコントロールした経験がないのだから生徒はきっと嫌がるだろう、と決めつけているのでしょう。しかし、そんなことはありません。

オウナーシップをもちたいと思えるようになるためには、生徒自身が教室の出来事を引き起こす一員(10)になる必要があります。意思決定の場に生徒を巻きこんで、日々その声を尊重すれば、生徒は責任をもって学ぶようになります。

(9) 「出版」とは、書かれた作品が書き手以外の読者に読まれることを意味します。「発表」とほぼ同義です。

(10) ニュアンスとしては、「お客さん」や「助手席や後部座席に座っている人」ではなく、「運転席に座る人」になるということです。

学習センターには、元々そのような構造が備わっています。だからこそ、私たちは学びへのアプローチとして学習センターを推進しているのです。さらに、互いを尊重しあうインクルーシヴな教室文化があれば、生徒はより自然な形で学習に参加するでしょう。

ハックが実際に行われている事例

これから紹介する著者二人の事例は、生徒のアカウンタビリティー（結果に対する責任）のレベルを上げる方法を示すものとなっています。

生徒が各コーナーの評価にもっと参加できるように、私たちは学びのコントロール権を生徒に手わたす方法を継続的に研究してきました。私たちが試してきた方法の一つは、学びに集中して取り組んでいる状態（オン）と集中していない状態（オフ）とに分けて評価基準をつくり、それぞれの基準についてどのように思うのかを、生徒自身に判断してもらうことでした。

最初に試したのは、各授業でオンかオフにチェックマークを書き入れる方法でしたが、実際にやってみると、それぞれの評価基準が何を意味するのかについて全員が異なる考えをもっていることが分かりました。そこで私たちは、評価基準のリストを生徒にわたし、各コーナーにいる生徒に尋ねてみました。

「このコーナーでは、オンとオフについてどのようにとらえていますか？」

彼らの答えは的を射ていて、私たちが考えていたものよりもずっと厳しいものでした。本章の「あなたが明日にでもできること」のセクション（一五六～一五七ページ）では、生徒が作成したオン・オフリストのサンプルが見られます。

生徒が作成したリストを各コーナーに掲示し、それぞれの場所を訪問しながら、望ましい活動の仕方や成果がじっくり思い出せるようにしました。生徒自身がルールをつくれたのは、そのコーナーが「自分たちの居場所だ」と感じていたからです。生徒たちでグループのリーダーを選出し、各コーナーでの活動をうまく進めていました。

各リーダーには、そのコーナーでの学びのオン・オフの状態を自分なりの方法で観察してもらい、その結果を授業中の振り返りの際に報告してもらいました。リーダーを務める生徒は、振り返りシートのデータで気づいたことを次の時間の活動に役立てようとしていました。

このシステムが効果を発揮するまでに、それほど多くの時間はかかりませんでした。その期間はとても有意義に過ごせましたし、真新しいコーナーを設置したあとでもこのルーティーンは導入できました。つまり、「オン・オフリスト」の作成、チェックマークの記入、そしてリーダーの選出を行ったわけです。そのクラスでは、一年間、同じ用語を使い続けました。

生徒がこのルーティーンに習熟した結果、新しいコーナーのミニ・レッスン（三一ページの注参照）を実施する際、教師である私はたった一つの質問をするだけでよくなりました。その質問は、次のとおりです。

「このコーナーをスムーズに運営するためにはどうすればいいですか？」

　まさに、このミニ・レッスンの直後、私たちは「未来のリーダー」が育っている様子を目撃し、学習センターが大きな成果を上げていると確信しました。それは、「映画館コーナー」での出来事でした。このコーナーは、さまざまな映画を試写したり、調査したりしたうえで、一番お気に入りの映画に投票するという活動を行う場所です。

　トムという生徒が提案したこのコーナーは、人気が高く、すぐに満員となりました。コーナーに集まった五名のメンバーは、まず誰をリーダーにするかについて話し合ったところ、トリッシュという生徒が選出されました。

　トリッシュは、私のやり方をモデルにしてミニ・レッスンを行うなど、あらゆる方法とテクニックを駆使し、責任をもってグループをまとめていきました。また、メンバーを信頼し、グループが学びに集中できる環境づくりに努め、授業終了までに時間があるときには、自ら映画に関する小テストを出題していました。トリッシュのリーダーシップは非の打ちどころのないほど素晴らしいものでした。

このような話をすると、どのグループも順調に進んでいったように思われるでしょう。当然、そんなことはありません。ベテランの先生であればご存じかと思いますが、学習目標の達成は、グループの個性、各メンバーの学習スタイル、さらにはその日の天候にも左右されます。

トリッシュのグループのように的確な運営が行われていない場合は、改善の手がかりとして、教師がグループのそばに立って様子を見る、チームリーダーに確認する、グループの「オン・オフリスト」を参照する、時計係を設けるといった方法を活用して、活動が軌道に乗るような工夫を行っています。

近年、生徒のアカウンタビリティーが話題になっています[11]。自らの学びの結果に責任をもつように指導する必要があります。学習センターのように、教師がすべての様子を見守れない小グル

（11）　この状態は、まだ日本にはありません。多分に、生徒が得るテストの点数にすり替え続けています。この前段として、教師が「教科書をカバーした」という矮小化された説明責任という次元ではなく、生徒たちが各学年や教科で必要とされるものを身につけるために最善の努力を教師がしたというアカウンタビリティー（結果責任）を話題にする必要があります。それによって初めて、生徒のアカウンタビリティーと裏表の関係になります。

ープでの活動方法を用いる場合には、とくにそうなります。メタ認知を働かせることを教えれば、困難な問題を克服する際に役立つでしょう。そのような、クリティカルに思考する状況に取り組んで、適切な対処ができることを私たちは生徒に望んでいるのです。[12]

生徒への期待値を高め、自分のことを理解したり主張したりする責任は生徒自身にあるという点をもっと重視すれば、教師はより多くの時間をかけて、振り返りや自己評価の方法について積極的な指導ができるでしょう。そうすれば、今、生徒が何を知っているのか、これから何を知る必要があるのか、その答えはどのようにして見つけられるのか、などについて理解できるようになります。

その答えを見つけた生徒は、新たな目標を設定して、自分が取り組むべきスキルの実践ができる、より適切なコーナーを選択していきます。

❶今、生徒は振り返りと自己評価に関して何をしているでしょうか？
❷どのような環境があれば、生徒は学んでいる内容やニーズを明確に表現するようになるでしょうか？
❸学習センターで生徒をエンパワー[13]するために、どのような方法があるでしょうか？

学習センターに参加する生徒に求められるのは、これまで学んできた内容について、話し合ったうえで自らの目標を設定することです。その目標によって、生徒がどのコーナーに参加すればいいのかが変わってくるからです。これらの有益なやり取りを活用することによって、学習センターのローテーションのなかで生徒一人ひとりに適した指導が可能になるという点を忘れないでください。

---

(12)　これは、「批判的に思考する」ウェートよりも「何は大切で、何は大切ではないのかを見極める力」をより多く含んだ言葉です。後者こそが、二一世紀に求められるスキルの一つです。

(13)　「力づける」、「力を与える」だけでなく、「人間のもつ本来の能力を最大限に引き出す」という意味があります。詳しくは、『あなたの授業が子どもと世界を変える』（前掲）を参照してください。

ハック6

学びのなかでつくりだされるデータをチェックする

専門性を次のレベルに押し上げる振り返りと修正

自分を知ることは、あらゆる英知のはじまりである
（アリストテレス）*

（*）（BC384～BC322）古代ギリシアの哲学者です。

問題　融通の利かないカリキュラム

それぞれの州（国）には、各学年の生徒が何を学ぶのかを決定する権限があります。一般的には、学年ごとにカリキュラムが定められており、生徒の年齢に応じて、あらかじめ決定されている教科領域に沿った指導事項が設定されています。各学校や教育委員会が協力してカリキュラムマップを作成し、最低限教える内容を明確にして、各教室の生徒に役立つようにしなければなりません。少なくとも、そのような努力が求められています。

かぎられた授業時数のなかでたくさんの内容を教える必要があるため、どの内容にどれぐらいの時間を割くかは各教師に委ねられているのが実情です。その際に参考にされているのが標準テストです[1]。しかし、生徒を「標準」に当てはめることには無理があります[2]。生徒に合わないカリキュラムを強制しても最適な学びは生みだせません。

すべての内容をカバーしようと思って授業を進めてしまうと、途中で

「データ」は、決して汚い言葉ではありません。生徒の成長と進歩を保証し、一人ひとりをいかす教え方を柔軟かつ確実に実現するための生命線だと考えてください。

起こったことを見直す時間がとれませんし、必要な修正作業が行えないままとなります。生徒に教えるべき瞬間は予期せぬ形で訪れますし、「普通（ないし平均）」の生徒はいません。そのため、事前に定められたカリキュラムに忠実に従うだけでは、すべての生徒が学ぶのは不可能です。

学習センターは、一人ひとりの生徒が必要なものを確実に手に入れるためには最適の環境と言えます。生徒を置き去りにしてしまう「型にはまったアプローチ」とは違って、小グループで学ぶ文化をつくり、個々の学習内容やスキルに対応できるアプローチなのです。

ハック　学びのなかでつくりだされるデータをチェックする

内容のカバーも大切ですが、日々収集するデータに基づいて生徒が前に進む準備ができているかどうかの確認も必要です。一人ひとりのデータを収集し、生徒について知れば知るほど、成長

（1）日本の場合は、教師用の指導書におよその時間数が示されていますので、それに従って各単元に割く時間が決められる場合が多いです。なお、「標準テスト」については、全国学力・学習状況調査や自治体ごとに実施されている学力調査をイメージするとよいでしょう。

（2）詳しくは、『あなたの授業が生徒と世界を変える』（前掲）の第10章「生徒が学校に合わせるのではなく、学校を生徒に合わせる」を参照してください。

するための後押しが可能となります。これを実現するための方法はさまざまです。ねらいの設定とデータ収集を意識的に行い、それに基づいて指導の見通しを立てれば、生徒の力を伸ばせるようになります。

生徒の集中力を維持し、学んでいるスキルや学習内容、時間のかかる箇所とそうでない箇所などに関する具体的なデータを得るために、各コーナーで立てるねらいを具体的なものにしましょう。

具体的な目標を意識すれば、より効果的な指導ができます。学習センターを使えば、教師は生徒とねらいとの相互作用(3)を日常的かつ容易に観察できます。

生徒が活動に取り組んでいる間、教師は適宜サポートをしたり、ヒントを出したり、肯定的なフィードバックをします。さらに、教室を歩き回りながらデータやノートを集めたり、授業時間中にカンファランスを実施することも可能です。

生徒と教師が協働して、生徒のこれまでの学習成果やニーズをいかしながら授業をつくっていくためには、振り返りやカンファランスをもとにして、生徒の実態を正しく理解しなければなりません。生徒に最大限の学びを提供するためには、あらゆるデータを取り入れて、学びの全体像を描きだす必要があります。

あなたが明日にでもできること

「データ」[4]は、決して汚い言葉ではありません。生徒の成長と進歩を保証し、一人ひとりをいかす教え方を柔軟かつ確実に実現するための生命線だと考えてください。学習センターを使えば、各生徒によりきめ細かな指導ができます。

毎日、エピソードデータを収集しましょう

生徒名簿をクリップボードに挟んで持ち歩けば、各コーナーの状況が素早くメモできます。授業時間毎に分けた名簿付クリップボードを作成し、フックに吊るしておけば記録の保存が容易ですし、情報の確認もしやすくなります。生徒とのカンファランスや職員会議では、このクリップボードが役立ちます。

---

(3)　生徒が目標に向けてどのように取り組んでいるのか、目標が生徒に適したものになっているのか、という意味です。

(4)　本書との親和性が高いこの教え方については、『ようこそ、一人ひとりをいかす教室へ』(前掲)と『一人ひとりをいかす評価』(C・A・トムリンソンほか／山元隆春ほか訳、北大路書房、二〇一八年)をご覧ください。

また、メモをとりやすいように簡単な記号を使いましょう。次に示すのはその例です。

On　学びに集中して取り組んでいる（オン・タスク）
Off　学びに集中していない（オフ・タスク）
T　話すのが好き
H　周りの人を助けている
L　リーダーシップを発揮している
M　……をマスターしている
S　……でストップしている（つまずいている）[5]

各コーナーでは、チェック欄のある名簿を活用しましょう。名簿の上部に活動のねらいやスキルを記入して、各生徒のチェック欄に簡単なマークを付けていきます。この方法は生徒とのカンファランスにも役立ちます。次のような質問ができます。

・目標を達成するためにどのような計画を立てましたか？
・このコーナーで目標を達成するために何が必要ですか？

・このコーナーで役立ちそうなスキルや方法は何ですか？
・グループ内の優れたメンバーから助けてもらうためにはどうしたらいいと思いますか？

こうした質問で得られたデータは、今後の授業のねらいを決めるのにも役立ちます。各コーナーでの目標達成に向けて、生徒の学習状況や到達点など、気づいたことをすべてメモに残しておきましょう。

活動のねらいに沿ったデータを収集しましょう

データ収集の効率を高めるためには、活動のねらいを意識する必要があります。たとえば、編集可能な名簿をパソコンに保存しておき、収集するデータの種類に応じて見出しをつけるようにします。こうすれば、学習前、学習中、学習後に収集したデータを使って次の指導方法が考えられるようになります。次ページの**表6－1**を見てください。

（5）現場の教師（翻訳協力者）からも、「気づいた点を簡単な記号でメモするようにすれば、あとから見返して感覚だけでは追いつかない生徒の情報が記録できる」、「こういったメモの仕方は、個々を見取るための指標として役立ちそうだ」と好評でした。

表6－1　協働性に関するデータを収集するための名簿例

ねらい……問題を解決するために、グループ内で協働して取り組める。

生徒の氏名	協働性を示す証拠や姿	問題の解決	メ　モ

生徒とカンファランスするときに「データ」という用語を使いましょう

各授業のなかに五分間程度、生徒とカンファランスする時間を確保します。カンファランスの際には、あらゆる情報を手元に用意しておきます。そして、生徒が知っていることやできることについて、データをもとに話し合っていきます。データは、クラス内や学校内の小集団の特徴や、生徒が身につけるべきスキルの状況を確認するのに役立つものであれば何でもかまいません。

カンファランスは肯定的なコメントからはじめるとスムーズです。たとえば、次のようにはじめます。

「教室内を見回っているとき、あなたが○○○なことに気づきました」

「前回の評価テストで、あなたの○○○が優れていましたよ／○○○でつまずいていましたね」

「○○○（主要な概念、語彙、そのほかのスキル）を伸ばすためにはどうすればいいと思いますか？」

こうしたスキルに関するデータを収集しておくと、生徒との話し合いや学習状況の確認に役立ちます。

初めのうちはカンファランスに時間がかかるかもしれませんが、回数を重ねていくうちに質問の仕方が分かってきて、スムーズなものになります。また、生徒のことを理解していく過程で、会話も手短に切りあげられるようになるでしょう。

一二月になったら（新年度がはじまって三〜四か月後）、多くの生徒は学習センターでの活動で集めたデータをもとに、教師とのミーティング（やや長めのカンファランス）を行います。学習を通して気づいた内容に基づき、確認作業を行うのです。その際、教師は、生徒が立てた活動計画に賛成するか、若干の変更を提案するだけでもかまいません。

このカンファランスの目的は「どのコーナーに参加すべきかを明確にするための学習状況データを集めることにある」という点が生徒に理解できるようにしましょう。できるかぎり「データ」という言葉に透明性をもたせて、生徒からの信頼が得られるようにします。

生徒をデータ収集の一員にしましょう

生徒自身がデータを集めるというのも可能です。授業の最後の五分間(6)を使って、その日のコーナーでの学びを振り返ります（用いるシートの例は**表６-２**を参照）。このとき、次のような質問を使ってサポートします。

表6－2　振り返りシートの例

振り返りシート

日付／コーナー	振り返り 学んだこと、上達したと思う根拠、○○に関する次回の目標や改善点	教師のフィードバック

「今日は何を達成しましたか？」

「どのような方法を使いましたか？」

「修正すべき点は何ですか？」

「今日はうまくいきましたか？」


活動のねらいについて考えるように促し、次のローテーションに役立つよう、集めた情報をノートに記録していきます。これは、柔軟性に欠ける強制的なカリキュラムとは違って、個々の生徒のニーズやカリキュラムに照らして、そのコーナーが効果的かどうかを生徒自身が判断する際に役立ちます。

表6－2のフィードバック欄を使って、ここでも振り返りに対してコメントしてください。たとえば次のようにします。

「スクラブル・ゲーム（二四ページを参照）の時間に語彙を使っていました」

「提示された方法を使っていました」

「あなたのグループがしっかりと取り組んでいてよかったです」


問いを投げかける形のフィードバックも効果的です。

「よりうまくやるためには何が必要ですか？」

「どうしてそうなったと思いますか？」

「次回はどうしますか？」

　こうしたコメントが対話の出発点になります。二五名のクラスであれば、有意義なフィードバックを書くのにそれほど時間はかからないはずです。記入例として、次ページの**表６－３**を見てください。

生徒の学習を第一にしましょう

　教師は、生徒のことよりも内容を優先しがちです。教師の都合で、急いで教材を終わらせようとしてしまうのです。授業では、内容やスキルを優先するのではなく、目の前にいる生徒に対応する必要があります。

　ミニ・レッスン（三一ページの注参照）の内容を理解するのに求められる水準まで生徒が到達していないことが分かったら、はじめようと思っていた内容を中止して、以前の内容をもう一度やり直しましょう。

（６）　このあとの**表６－３**や一六四ページの**表５－４**をご覧ください。

表6－3　振り返りシートでの教師のフィードバックとそれに対する生徒の反応例

日付 コーナーの名前	振り返り 何をしたか、どのように感じたか、修正が必要なことなど	フィードバック	欄外（生徒の応答）
2019年3月13日 ライティング・コーナー	今日はエドワード先生に手紙を書きました。長くはないけどよくできたと思います。書き終わったのでエドワード先生に気に入ってほしいです。	その手紙をこのページに貼りつけてくれませんか？	←OK。貼りつけました。
2019年3月19日 ゲーム・コーナー	バナナグラムで遊びました。2ラウンドやって1回勝ちました。第1ラウンドは7点、第2ラウンドは5点とりました。合計12点で最高得点でした。ベストワードは、「扱う（deals）」です。	楽しかった？ ←いいですね	←はい、楽しかったです。😊
2019年3月21日 リスニング・コーナー	今日は「Catching the moon(*)」を聞きました。このストーリーはとても好きです。それについてパドレットに投稿しました。大きくなったら特別支援学校の先生になって、子どもたちを助けたいです。	すごい先生になれそうですね。好きな登場人物は誰ですか？	←少女
2019年3月26日 秘密の読書コーナー	秘密の読書コーナーに行きました。そのあとゲーム・コーナーに行き、1ラウンドをプレイして8点をとりました。ベストワードは、「競争（Race）」でした。	よく頑張りました。本はどうでしたか？ 主人公の新しい友達は誰？	←よかったです ←ローイ（Roui）

（＊）クリスタル・ハバード著。女性として初めて男性だけのプロ野球チームでプレーするまでに成長した少女の物語です。

（注）生徒と教師のやり取りが見えることがこのシートの特色の一つです。翻訳協力者の一人は「生徒の振り返りに対して教師のフィードバックで終わるのではなく、それに対する生徒からの応答もあるところが双方向のやり取りになっていていいですね。長いコメントを教師が書くよりも、短いけれどもやり取りが行われるほうがよほど効果的であると感じます」といった反応をしています。

「この内容で苦労している人が多いようですね。カラーカードを使って、今のあなたの状態を教えてくれませんか？」と、尋ねればいいだけです。

カラーカードは、彼らの学習状況の指標として使えます。教室全体の状況を素早く把握し、クラス全体、クラスの一部分、または小グループに向けて対応する際に役立ちます。(7) 学習センターを通して、生徒のニーズに沿った授業を行えば、結果として学習内容のカバーができ、すべての生徒のニーズにこたえられるようになります。

教師が時間をかけて学習センターを設置すれば、生徒は学習指導要領に書かれている指導事項を達成し、振り返り、自分の能力を伸ばす機会が得られます。

学習センターは、州（国）のカリキュラム（および、それに基づいて作成された教科書）といった融通の利かないやり方ではうまくいかない生徒のために、ねらいに基づいた、より適切な学習機会を提供する方法です。学習センターには、一人ひとりの生徒に応じるだけの柔軟性と選択肢があり、自己分析（評価）の機会も豊富に提供されますので、すべての生徒が指導事項を達成するようになります。

---

(7)　たとえば、八割くらい理解できていたら青色、五割くらいなら黄色、それ以下なら赤色のカードを教師に見せて伝えれば、教室全体における理解状況の「見える化」ができます。

完全実施に向けての青写真

ステップ1　さまざまな形式のデータを紹介する

生徒に対して、教師の行動に関する透明性を高くする必要があります。データを集めているときは、そのデータに名前を付けて、何をしているのかを生徒に説明します。たとえば、出口チケット（三三ページの注参照）を書く時間には、そのコメントを読んで得られたデータを、今後の学習センターでの活動や通常授業にいかすために使うと伝えます。また、生徒自身が学びに集中して取り組んでいる状態（オン）や集中していない状態（オフ）について記録する際には、その情報は教師と共有され、データとして役立てられると伝えます。

つまり、教室での学びを最適化するためには可能なかぎり客観的なデータ収集が不可欠であるということを、生徒に理解してもらうのです。

時間をかけてさまざまな種類のデータを洗いだし、より深く、より個別化された学びのために、そのデータがどのように使えるのかを生徒に説明しましょう。たとえば、「指導事項に沿った振り返り」は、観察するだけでは分からない情報を得る手段の一つであると教えます。振り返りは、うまくいっていることは何か、うまくいっていないことは何か、どうすればもっとよくなるのかを理解するための証拠となります。この情報は、生徒にとっても教師にとっても有益です。

学習センターの目的および自己評価や情報共有によるデータ収集の重要性を理解すれば、生徒たちは新しいコーナーを創出するという形で、さらなる学びの機会を求めるようになります。このような行為が生徒にとっては新たな挑戦となり、目標達成につながるのです。

ステップ2　生徒にデータの収集と分析を教える

各コーナーの学習はすべて将来の目標に近づくためのものであること、そして各コーナーでは別の知識やスキルが身につけられると生徒に知らせましょう。活動中のプロジェクトの保管ができるように、フォルダー（ファイル）やポートフォリオを導入し、生徒が希望する場合には完成作品がポートフォリオに入れられるようにします。

振り返りシートに、生徒は学びのプロセスや、うまくいったこと、難しくてあまりうまくいかなかったことを記入します。また、「もう一度同じ活動をするとしたら次はどのように修正するのか」と尋ねてみるのもよいでしょう。もし、紙のポートフォリオを使うときには、ファイル・キャビネットや棚を用意します。

可能であれば、デジタル・ポートフォリオを活用してください。撮影したプロジェクトの写真を追加したり、学習の一環として自分の振り返りを記録したりするように指導しましょう。フリップグリッド（三三ページの注参照）のようなアプリが最適です。生徒は、各ローテーションの最後に実施される振り返りの時間にこれらの内容に取り組みます。

データの収集と振り返りを終えたら、自分の学習傾向を分析します。何を達成したか？　それは提出した作品のどこから分かるのか？　残された課題は何か？　どうしてそう考えるのか？どのようにして分析を進めるのか？　こうした分析の観点を教えれば、生徒はマインドフルネス(8)やセルフ・アドヴォカシー（一五五ページの注参照）を高め、学習センターのローテーションにおいてより良い選択ができるようになります。

各コーナーの内容は、そのときのクラスのニーズに応じて設定されます。データ分析を通して生徒は、ローテーションの際、各コーナーがどのようなニーズに対応するのか、どれに参加すべきかに関する十分な情報を得たうえで決定するようになります。

ステップ3　データについて生徒が知っていることを利用する

学習センターでのデータ収集の方法やポートフォリオを用いた振り返りの方法が理解できるようになれば、生徒は「指導事項に沿った振り返り」をより適切に書けるようになります。そうなると、評価基準を適切に理解することにもつながります。

振り返りの文章を書くときには、今取り組んでいる学習活動は何かをまず明確にし、次に、その活動の進捗状況や完成作品の出来栄え、学習目標の達成度などについて記述していきます。そして最後に、今後に向けた修正点や、行動に移したい内容について記述するようにします。たとえば、次のように言ってみてください。

「今、取り組んでいる活動を確認しましょう。ハイライトや下線を引いたり、丸で囲んだりします。次に、それがどの程度うまくいっているのか、うまくいったのはなぜか、うまくいかなかった理由は何かについて考えて書きだしましょう。そして、改善策を述べてください」

さまざまな内容をナンバリングしたり、要約したり、つなげたりして話す方法（型）を教えれ

（8）「マインドフルネス」とは、「今、ここ」に意識を集中させて、自分の思考や感情、体に感じることを落ち着いて認識する力を高めるものです。マインドフルネスを練習すると、生徒は自分の感情や自分にもっとも影響を与える経験に対してより目を向けるようになります。（以上は、『生徒指導をハックする』（前掲）の一〇九ページからの引用です。この本は、一章をマインドフルネスの教え方として割いています。）また、『感情と社会性を育む学び（SEL）』（前掲）でも頻繁にマインドフルネスが登場しています。上の定義からも、マインドフルネスと感情や対人関係は切り離せないことがお分かりいただけると思います。

ば、生徒は、それぞれのニーズを満たすにはどのコーナーがよいのかについて教えあうための「方法の道具箱（たくさんのツール）」がもてます。データに基づいた振り返りが書けるように、各コーナーの内容に沿って教師がクラス全体への指導を行いましょう。

ステップ4 データを用いて自分の学習計画を作成する

生徒が、自分の得意な分野や苦手な分野を見つけます。それぞれの分野が確認できたら、自分自身の目標と学習計画を立案します。学習計画には短期的な場合と長期的な場合がありますが、いずれも内容の流れに沿って学びを進めやすくするものです。

まず、生徒はそれまでの振り返りの文章やデータを一か所に集めます。グーグル・ドキュメントでも、ノートの裏でもかまいません。次に、集めたデータに基づいて、これまでの成長の傾向やこれから学びたいことなどを記録します。

自分自身で学習計画の立案に取り組む前に、ほかの生徒と協力してフィードバックを共有し、取り組みたい学習計画を蓄積していきます。そして、自分の学習目標や学習計画に基づいて適切なコーナーを選択するようにサポートします。

このステップに関しては、『成績をハックする』（前掲）の「ハック7　成長をガラス張りで見えるようにする」を参照してください。

ステップ5　素晴らしい生徒の記録を残すためにポートフォリオを作成する

生徒がデジタル・ポートフォリオを作成して、自らのできを示す証拠を収集し、記録に残せたらいいと思いませんか？

学習センターのルーティーンが確立し、生徒が優れた作品を制作しはじめたら、ポートフォリオのつくり方をミニ・レッスンで説明しましょう。生徒はテクノロジーに精通していますので、自分の作品をポートフォリオにリンクさせる方法を見つけるでしょう。

ポートフォリオの素晴らしい特徴は、自分の作品と振り返りが同時にアップできるという点です。ですから教師は、担当科目でのポートフォリオ使用にとどまらず、ほかの科目での活用も可能です。たとえば、学んだ内容をオリジナルの漫画を使って表現するといった活動に取り組んでもらったことがあります。この活動は、センターにおいて非常に効果的であっただけでなく、教科の枠を超えた実践にもつながりました。

学年全体の教員チームでポートフォリオを活用すれば、スキルの関連性が明確になり、学んだスキルをほかの教科でも活用しやすくなります。

デジタル・ポートフォリオのもう一つの利点は、生徒がその維持管理に責任を負うことです。生徒自身がポートフォリオの内容をデザインし、何を追加するか、それがなぜ自分の学びにとって重要なのかを決定します。さらに生徒は、在校中、自分にとって価値のある資料の追加を続けることができます。そのうえ、教室の場所をとることも、用紙などの紛失も、あるいは教師の負担を増やすこともありません。

　また、デジタル・ポートフォリオは学校の壁を取り払うので、生徒が学校外にいるときも継続的な成長を促します（この点については「ハック8」で詳しく触れます）。

　デジタル・ポートフォリオへのアクセス権がない場合には、ファイル・フォルダーでもかまいません[9]。生徒一人ひとりにフォルダーをつくって、自慢の作品が保存できるようにします。また、定期的に作品を追加して、なぜそれを追加したのかを振り返るようにします。

　ポートフォリオには自分の成長を示すために集めたデータが含まれている、ということを生徒に伝えましょう。教師と生徒が学習成果について話し合うときには、生徒は自分のポートフォリオを参照して、習得したことやこれから学ぶ必要のある証拠を提示します。

ステップ6　ポートフォリオの発表機会をたくさん設ける

　せっかくつくった生徒の作品が、教師の机の上にある書類の山に埋もれてしまっているという状態は珍しくありません。一時的には教室に掲示されたり、クラスで発表されることがあったとしても、その後は忘れ去られてしまうかもしれません。

生徒の作品を埋没させるのではなく、それが輝くための機会をつくり、維持していく必要があります。そのためには、エッセイや詩の作品コンクールに応募したり、「オンラインブログを作成するように」と働きかけてみましょう。

また、生徒の作品を見てくれる観客や読者を増やすためのコーナーを設けるというのも効果的です。実際に観客や読者が見るとなれば本気になりますし、本物の課題であれば学びも深まります。このコーナーで生徒はブログを書いたり、コンクールへの応募作品を作成したあと、ほかの生徒と修正点を検討する活動に取り組みます。

指導にいかすツールとして、また優れた取り組みのモデルを示すためにも、生徒のプロジェクトを学校中に展示しましょう。たとえば、いじめ防止、健康的な生活習慣、リデュース・リユース・リサイクルに関する優れたプロジェクトを完成させた生徒に対して、ポスターボードやコミックストリップ（漫画作品）、グーグル・スライド（一〇三ページの注参照）の作成を促したこ

（9）　もちろん紙のフォルダーでもよいのですが、ここではコンピューター上のフォルダーのことを述べていると考えられます。たとえば、チームス、ムードル、グーグル・クラスルーム、まなBOXのような学習管理システムが学校に導入されていれば、デジタル・ポートフォリオの活用も比較的容易でしょう。仮にこれらのシステムが導入されていなくても、各生徒が自分の端末上に専用のフォルダーを作成すればポートフォリオとしての活用ができます。

とがあります。これらのプロジェクトを、食堂や廊下、ウェブ上の掲示板に掲示しました。今後の指導のために、特定のコーナーにいくつかの作品サンプルを保管しておいてもよいでしょう。また、クラスメイトや教師、そして保護者に対してポートフォリオのよさを主張する機会をつくれば、作品を収集するプロセスの「見える化（公開）」も可能です。

このように、デジタル・ポートフォリオは、生徒がプロジェクトを制作したり、振り返りに時間をかけて取り組むためのコーナーであるとも言えます。

課題を乗り越える

多くの教師はデータに対して不安を感じていますので、データ収集という役割に生徒を加えるのにはきっと反発するでしょう。この問題を克服して、データは複数のソースから収集したほうがよい、と理解してもらうようにします。ここからは、一般的な課題への対応策について述べていきます。

授業やデータ収集はどうやってするのですか？

本来、学習センターはミニ・レッスンの実施を容易にし、生徒の目標に向かって取り組みやすくするためのものです。チェックシートを挟んだクリップボードを手元に置いて、観察したことをメモにとっていきます。シートの一番上には教えているスキルを記入し、簡単なチェックマークなどを使いながら生徒のデータを素早く記録していきます。

とくに教育委員会で義務づけられている場合には、標準テストをデータ収集の一部として役立てることができます。多くの場合、マウスをクリックするだけで結果が見れるので、異なる領域での生徒の状況が把握できます。(10)

生徒にも、自分でデータを収集するように指導しましょう。そうすれば、生徒自身の価値観（何を大切にし、何は大切と思わないのか）へのオウナーシップが高まりますし、カンファランスの際、自分の作品を具体的に示したうえで教師からのフィードバックが受けられるようになります。教師がすべての時間帯に生徒全員の正確なデータを集めるよりも、生徒一人ひとりが自らのデータを集めるほうが簡単です。(11)

(10)　日本では、学力調査や模擬試験の個票データを閲覧するようなイメージでしょうか。「マウスをクリックするだけ」とはいかないかもしれませんが、生徒一人ひとりの学習状況の把握には役立ちそうです。

> **すべての根底にあるのは、生徒の学びたい、夢中で取り組みたい、自分でペースをコントロールしたい、という気持ちです。**

生徒が報告するデータは信頼できますか？

よい成績をとろうとして、生徒は正確なデータを報告しないのでは？　と考えてしまう気持ちは分かりますが、そうではありません。活動が軌道に乗っていて、生徒が学ぶ意味を理解しているときには、自分自身を甘く評価するよりも厳しく評価する傾向があります。すべての根底にあるのは、生徒の学びたい、夢中で取り組みたい、自分でペースをコントロールしたい、という気持ちです。

このような姿勢を身につける機会を設ければ、ダイナミックな学びをつくりだす生徒と教師の間にパートナーシップが築け、関係者全員が恩恵を得るでしょう。

保護者がデータの出所を知りたがります

保護者は、私たちの仕事における重要な利害関係者（お客さん）です。したがって、教師はデータの出所に関して説明ができなければなりません。もしも、データ収集の一担当者でもある生徒自身が保護者に対して説明できるとしたら、どんなに素晴らしいことでしょうか。

自分の学びについて語れる生徒は、私たちが日々教室で行っている活動を伝えてくれる「学びの親善大使」でもあります。データを効果的に収集する方法を教え、学習目標を達成するための材料を提供しているかぎりにおいて、生徒が収集したデータを保護者に見せても何の問題もありません。

「わが子の成長について、こんなにもたくさんの情報はいりません」と言う保護者は一人もいません。もし、保護者がティーンエイジャーのわが子に「今日は学校で何をしたの？」と尋ねているとしたら、そしてその子どもが具体的な活動のねらいやそれを達成した方法を話せたとしたら、家庭での会話がどのように変わるのかと想像してみてください。まさに、「Win-Win の関係」です。(12)

こんなにも大量のデータを管理するのはとても無理です

確かに、データは大量にあるように見えるでしょう。それに、「データ」という言葉は毎日の

---

(11) 簡単なだけでなく、より正確に集められます。しかも、その過程で「学びの責任」を生徒に委ねているという大きなオマケがつきます。

(12) 教師と保護者の二者面談は日本でもよく行われています（教師がほとんど話しています）が、より効果的なのは「生徒主導の三者面談」です。生徒がポートフォリオをもとに、その学期で学んだこと、できるようになったこと、まだ不十分だったこと、そして次学期以降の計画などを保護者に発表するのです。教師はもはや主役ではないので（主役は生徒です！）、この形態をとると保護者面談が三つから五つぐらいできるというメリットもあります。このやり方について詳しく知りたい方は、『増補版「考える力」はこうしてつける』（前掲）の第８章「自己評価」を参照してください。

リーダーへのヒント

データ収集は、生徒のニーズに沿った授業設計に不可欠です。そのため、教師がデータ収集に関するさまざまな方法についての最新情報が得られるように、教員研修の機会を設けてください。データをどのように収集し、管理し、活用するのかに関する複数の選択肢を提供したうえで、それらを振り返る時間を、教師との定期的なミーティングとして位置づけましょう。可能なら、同じ生徒を担当する教師同士が集まる時間を設け、効果的な方法について話し合ってもらうとよいでしょう。

ように飛び交っています。そこで大切になるのは、収集・管理するデータの目的をはっきりさせることです。

具体的な目的を設定し、効率的にデータを収集すれば、集めたデータを有効活用できます。さらに、データを所有する責任を生徒が負うようにすれば、データの保管場所を用意する必要もなくなります。収集と分析のシステムを運用すれば、教師はデータをスムーズに収集して素早く活用できるので、年間を通して学びの進捗状況が追跡できます。

定期テストや学期末レポートで評価しています。それで十分なのでは？

データには多くの形式があります。テストやレポートはその二つにすぎません。総括的な評価だけで十分と思いこみがちですが、教師は生徒を複数のレンズと形式で見る必要があります。つまり、学力の形成段階を通してさまざまな方法でデータの収集をしなければならないということです。

多くの種類のデータを収集すれば、生徒が知っていることやできることをより深く理解できますし、苦手な分野に対してもより効果的な指導が可能となります。

ハックが実際に行われている事例

著作家であり、「コア・コラボレティブ・ラーニング・ネットワーク」[13]の最高責任者であるポール・ブルームバーグ（Paul Bloomberg）博士と、ケンタッキー州ルイビルにある中学校の校長であるザック・コーエン（Zak Cohen）先生は、「振り返りと修正センター」を使って生徒が文章の修正に取り組む方法について検討しています。「振り返りと修正センター」に関する彼らの話を読んでみましょう[14]。

---

(13)（Core Collaborative）これまでにない効果的な教員研修を提供して、生徒の学びを飛躍的に伸ばそうとしている教師団体です。団体名で検索すると情報が得られます。

(14) あとで述べられるように、教室全体を「振り返りと修正センター」にする事例です。このセンターは「振り返りと修正コーナー」と「修正コーナー」で構成されており、それぞれに複数の具体的な選択肢が設置されています。次ページのイメージ図は訳者が作成したものです。

「振り返りと修正センター」は一貫性と個別性を兼ね備えており、個々の生徒のニーズにこたえる学びをつくりだし、「運転席で生徒が学びを操縦する」ことを保証する優れた方法です。これに対して従来の総括的な評価は、生徒にとっては学びをストップさせるものとなっています。単元テストやプロジェクトによって成績がつけられ、そこで学びが止まってしまうのです。

すべての年齢の生徒にとって、学びは継続や振り返りに満ちた、繰り返しが可能なプロセスであると見なされる必要があります。生徒は、たとえある単元が終了したとしても、そこで集中的に学んだ資質・能力は関連性と応用性をもっており、次の単元でも活用できると理解する必要があります。

深い学びと能力の応用は、意識的な練習を通して成功する機会が何度も与えられないかぎり起こりません。思慮を欠く学びと意識的な学びとの大きな違いは、フィードバックにあります。私たちの最終的な目標は、生徒が成功経験と自己効力感を高めるための「燃料」が得られるように、教室での振り返りとフィ

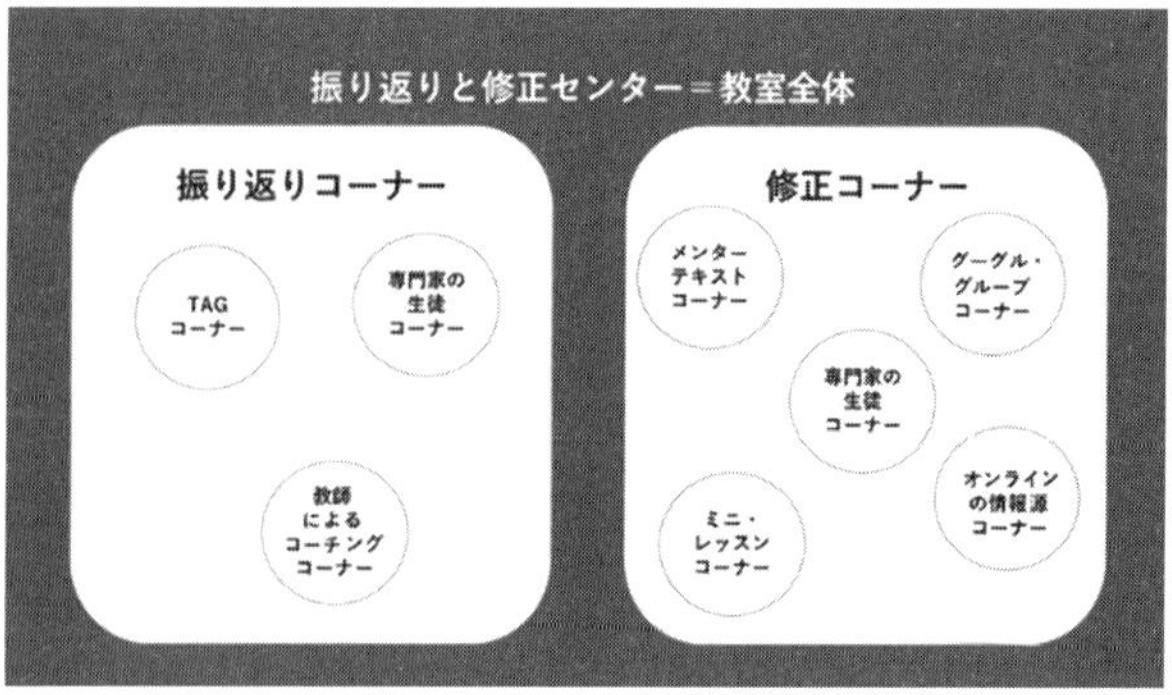

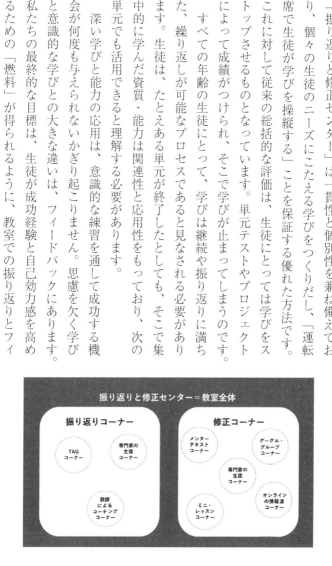

ードバックを充実させることです。

「振り返りと修正センター」は、ジョン・ハッティが著した『教育の効果』（前掲）において「学習速度を二倍以上にする」とされている、意識的な学びの本質的な原則を柔軟に応用したものです。学習センターでの活動は、意識的な学びに取り組むうえで重視されている個別的な学び、時間的な余裕、そしてフィードバックを生みだします。このような学習方法を使えば、生徒は次のようなことができます。

・一つまたは複数の「振り返りコーナー」（次ページ以降の説明を参照）を使って自分の活動を振り返ったあと、自らの限界を突破するために、挑戦することを決めて「SMART目標」[15]を設定します。
・到達目標に沿った質の高いフィードバックを受けながら、五つある「修正コーナー」（次ページ以降の説明を参照）の一か所または複数個所で活動に取り組みます。[16]
・手本を使ったり、「専門家の生徒」の助けを借りたり、教師とのカンファランスでヒントをもらったりして、専門知識や概念を習得します。

---

(15)　効果的な目標の立て方を頭文字で表現した概念です。S（Specific・具体的）、M（Measurable・測定可能）、A（Achievable・達成可能）、R（Realistic・現実的）、T（Time limited・時間を限定して行う）

意識的な学びは、生徒の高いモチベーションを生みだし、活動への参加を促すための必要な要素です。『モチベーション3・0』（大前研一訳、講談社、二〇一五年）の著者であるダニエル・ピンク（Daniel Pink）は、モチベーションは「自立」、「目的」、そして「熟達」の産物であると論じています。以下で、これらの概念が学習センターにどのように当てはまるのかについて説明します。

自立性——学習センターでは自分にとって最適の活動が選べるので、自立性と学びの個別化を促すものと言えます。

目的性——学習センターでは具体的なニーズに基づく目標が設定しやすいので、生徒は目的意識をもって活動します。

熟達性——人間（そう、生徒も人間です）は、何かを習得して進歩することによってやる気を生みだします。失敗ばかりの人生では、やる気が出なくて当たり前です。意識的に学ぶことがやる気を高めるうえで必要であると理解しはじめたら、生徒は止まらなくなります。

「振り返りと修正センター」は、意識的な学びと動機づけに関する研究成果を実現するものです。これ以下では、時事問題に関する三週間のユニットのあとに行われた数日間の授業を紹介します。

の事例が示すのは、学習活動の修正プロセスに取り組む生徒が学習センターをどのように活用したのかというプロセスです。

振り返りと修正コーナーを設定する

生徒たちは、総括的評価のためのプロジェクトを提出する準備をして教室に入ってきました。しかし、教師は、それを提出させる代わりに、プロジェクトの到達目標に基づいて必要な修正を加える機会をつくりました。

修正プロセスについて、生徒は二つのことを学びました。つまり、診断の機能を果たす「振り返り」と、改善の機能を果たす「修正」という二つの共生的な関係です。学習センターは、自分の作品について熟考したり、修正したり、改善したりするための時間を確保するためにつくられました。振り返りコーナーを選ぶか、修正コーナーを選ぶかにかかわらず、このプロセスは、チーム（誰と組むか）、時間（どれぐらい時間をかけるか）、そして課題（何を振り返るか）という点において高度な自立性を生徒に与えています。

(16)「専門家の生徒」については「ハック４」の「あなたが明日にでもできること」（一二八ページ〜）をご覧ください。

振り返りコーナー

　振り返りのプロセスを学ぶために、生徒は取り組んでいる時事問題のプロジェクトのなかから到達目標を一つ選びました。そして、以下に挙げる三つの振り返りコーナーのいずれかに参加しました。これは、振り返るための方法を選択することでもあります。

ＴＡＧコーナー……生徒同士でチームを組み、手本やルーブリックを使って「ＴＡＧ」の手順で相互評価をするコーナーです。

Ｔ（Tell）……自分がうまくやれていることをパートナーに伝える。

Ａ（Ask）……互いが学んだことを明確にするために質問する。

Ｇ（Give）……到達目標を使って提案する。

専門家の生徒コーナー……「専門家の生徒」と協力して「ＴＡＧ」を行うコーナーです。グーグル・グループ[17]を使用して、「専門家の生徒」がもっている専門知識を学びます。

教師によるコーチング・コーナー……教師から直接指導を受けるコーナーです。「ＴＡＧ」を使って教師からフィードバックをもらいます。

修正コーナー

ここから生徒たちは、教育ライターでコンサルタントのジャン・シャプイ（Jan Chappuis）[18]の著作に基づく目標設定の手順に従って、自分の作品を修正する際に使える方法を確認しました。生徒には、選択肢として以下の五つのコーナーが用意され、パートナーやチームで、あるいは一人で取り組みました。

メンターテキストコーナー……メンターテキスト[19]を参考にして、作品を修正するコーナーです。

ミニ・レッスンコーナー……過去の授業で実施されたミニ・レッスンの一覧にアクセスし、それ

（17）利用者がグーグルのアカウントを用いて組織内で情報を共有する機能です。

（18）教育評価の専門家で、『生徒が参加する学習評価入門（*An introduction to student-involved assessment for learning*）』（Pearson Education, 2017）（未邦訳）などの著書があります。ホームページ（https://www.janchappuis.com/home）でも情報が得られます。

（19）自分に取り入れたいスキルを学ぶお手本となる本のことです。メンターテキストは次の五つの条件を備えている必要があります。①選ぶ教師自身が好きであること。②教えた「作家の技」がたくさん使われていること。つまり、単にストーリーが面白いというだけではダメということ。③子どもたちのニーズとカリキュラムのニーズを満たしていること。④子どもたちにも気に入ってもらえること。⑤多様なジャンルのメンターテキストを探すこと。詳細は、https://wwletter.blogspot.com から「メンター・テキスト」で検索してください。

らを参考にして修正作業を行うコーナーです。

専門家の生徒コーナー……自分の得意分野をもっている生徒に、対面形式またはオンライン形式でサポートしてもらうコーナーです。

グーグル・グループコーナー……同じニーズをもつ生徒同士が、対面形式またはオンライン形式で活動するコーナーです。

グーグル・グループでは、クラスメイトや同じ学年の生徒、または一つ上の学年の生徒と共有のオンライン・プラットフォームを介して質問を投稿します。たとえば、時事問題プロジェクトの一部分をコピーしてグーグル・グループに投稿し、グループメンバーの誰かからフィードバックをもらうという形です。グーグル・グループは、集団の知恵を結集して最大限に活用するスペースです。

オンラインの情報源コーナー……たとえば、「書くことに関する六つの特性」[20]のように、修正作業に役立つオンラインの情報源のなかから適切なものを選択して活用するコーナーです。

プロセスの振り返り

生徒は、授業時間全体の使い方に関してコントロールができました。ある生徒は、時事問題プロジェクトに含まれている一つの構成要素に焦点を当てて、振り返りと修正に取り組んでいました。その一方で、深さよりも広さを重視し、プロジェクトのさまざまな構成要素についての振り返りと修正に取り組んでいる生徒もいました。また、一人で学習するスタイルを好む生徒もいれば、クラスメイトと協働して学習する生徒もいました。

自立性と個別性を重視した学習環境は、肯定的な影響をもたらしました。生徒は与えられた時間をうまく活用して、自らの作品の振り返りと修正に取り組んだのです。さらに重要な点は、生徒同士がお互いの作品を向上させるためのよきパートナーとして相手を見ていたことです。「振り返りと修正センター」は、夢中で取り組む（エンゲイジメント）レベルを向上させ、学びとは継続するプロセスそのものであるという認識を育成するうえにおいて効果的でした。

学びを生徒一人ひとりの興味に合わせて個別化するのは、教師にとっては簡単なことではありません。しかし、教師の任務は、意図的かつ明確な方法で学びのカーテンを開け、学びが「どのように」起こるのかを見せることにあるのではないでしょうか。そのためには、教室での学びはその場かぎりで終わるものではなく、その後もずっと続いていくものだと生徒が理解する必要があります。

---

(20)　文章をより良いものにするための六つの要素とその指導方法をモデル化したものです。アイディア、構成、文体、語句の選択、流暢さ、文法的規則の六つです。「Six Traits of Writing」ないし「6+1 Traits of Writing」で検索すると情報が得られます。

ある生徒が、二セットの振り返りと修正のプロセスに取り組んだあと、「出口チケット」に次のように書いていました。

「ユニット（単元）の終了後にも学びが続くものだとは知りませんでした」

授業のなかで学びそのものについて適切に説明すれば、生徒は自分の成長を振り返り、今後の見通しがもてるようになります。学習センターは、この必要性を定期的に埋めこんだユニークな学習機会を生みだします。振り返りを学習プロセスのなかに組みこめば組みこむほど、それが学習の構成要素の一つとして習慣化する可能性が高くなります。

生徒自身も、「生涯にわたって学び続ける人」として、自らの経験を振り返り、自分が学ぶべきことをどのように理解するのか、それはなぜ重要なのかについて説明できなければなりません。振り返りは学校教育が終わったら終わり、というわけではないのです。生涯学習者の習慣となるものですから、むしろ若いうちに教える必要があります。

次の問いかけを使いながら、あなたの授業で学習センターを使っている様子を想像してみてください。

❶学習プロセスの一環としての振り返りをいつどのように行っていますか？
❷生徒の振り返りから得られたことを次の成長を促すために、どのように活用していますか？
❸「生涯にわたって学び続ける人」としてのモデルを生徒に示すために、どのようなことが可能だと思いますか？

州（国）のカリキュラムは密度が高く、柔軟性に欠ける部分が多いため、実際のクラスのさまざまなニーズにはうまく対応できません。自己評価と振り返りの方法を教え、そのための時間を設ければ、生徒は生きていくうえで必要とされるスキルを身につけるだけでなく、授業において学ぶべき内容も押さえられます。

私たちにとって大切なのは、目の前にいる生徒に合ったペースと方法を考えて、生徒一人ひとりにとって意味のあるペースで成長していく過程を手助けすることです。

ハック7

生徒の情熱を より深く掘り下げて調べる

教室の外の興味関心をリサイクルし、リユースし、学びに結びつける

情熱は才能の源である

（トニー・ロビンズ）*

（＊）本名は Anthony J. Mahavoric です。作家、ライフコーチ。ライフコーチとは、「コーチング」の手法を用いてクライアントの仕事や家庭、人間関係などをサポートする仕事です。

問題 学校の学びは、生徒の情熱に結びついていない

教室での授業は、結局、ある一つの終着点に行きついてしまいます。テストです。生徒にとってテストを受ける目的といえば、ほかの誰か（親や教師）を満足させることでしかありません。考えてみれば、生徒自身の人生や興味関心とはあまり関係のないものです。つながりが見つけられませんから、学びの要点もつかめません。その結果、「どうしてこれを学んでいるのだろう?」とか「なぜ、これが重要なのだろう?」と自問自答してしまいます。

もし、教師が目に見える形でカリキュラムを扱わずにいると、(1)生徒は学ぶ目的が分からないまま置き去りにされてしまいます。もちろん、学ぶ内容の重要性もまったく感じません。カリキュラムは、自分とは関係のない、どこか遠くにあるものとなってしまいます。

この隔たりをつくりだしている原因は、その場所で権限を握っているただ一人の教師、あるいは学校にあります(2)。そして、多くの場合、教室の外で意思決定を行っているのは、教育に関するバックグラウンドをもたず、生徒たちが人生で成功するために何が必要なのかを理解していない人たちです。

何をどのように教えるかについて考えるとき教師は、自らが子どもだったときに心に響いたことや衝撃を受けた事柄を参考にします。しかし、教師の情熱が生徒の興味関心に合致しているとはかぎりません。また、ねらいがよかったとしても、生徒に響くものでなければ時間の無駄となってしまいます。

生徒一人ひとりにとって大切なことを学びに結びつけていくためには、思春期の生徒を深く理解し、柔軟に教えるためのスキルが必要です。この結びつきを無視すれば、生徒はますます学びに対して関心を失っていきます。やる気のある生徒であったとしても、よい成績をとるためにやっているだけになるのです。

ハック　生徒の情熱をより深く掘り下げて調べる

生徒は、教師が思っているよりもずっと多くのことを知っています。多くの教師にとって、子どものころの中心的な情報源といえば百科事典や本でし

(1)　学習の目標や内容、方法などを生徒が理解できるように示していないという意味です。

(2)　日本では、学校や教師でもなく、文部科学省ないし教科書と言えるかもしれません。

生徒の情熱を学習センターに取り入れれば、学習の側面だけでなく感情と社会性（SEL）の側面の発達につながる目標が立てやすくなりますし、学習も深まります。

たが、現在の生徒たちは、あらゆる場所からさまざまな種類の情報にアクセスしています。

そこで、教室内の学習センターで行われる活動を通して、外部に存在する専門知識を教師やクラスメイトと共有できるようにしてはどうでしょうか。生徒自身が教室でゲストスピーカーとなったり、教師役になったりすれば、生徒の知識をクラス内で共有する機会がつくれます。学習センターは、このような共有を行うための「少人数の生徒たちが協力して評価する」といった環境(3)も提供します。

生徒の興味関心をいかして、学習機会を充実させましょう。多くの教師が実感しているように、私たちが生徒だったころに比べると世界は大きく変わっています。そこで、生徒の身の周りにあるものが学びにどのように結びついているのかを教えるために、教師は生徒がもっている知識を活動の場にもちこんで「リサイクル」する必要があります。

生徒の情熱を学習センターに取り入れれば、生徒は学習の側面だけでなく感情と社会性の側面（一五六～一五七ページ参照）の発達につながる目標が立てやすくなりますし、学びも深まります。達成したいと思えるような目標を立てよう、と指導すれば、生徒に深い情熱がもたらされるのです。

生徒が情熱をもっている対象に気づいたら、それに沿った目標を立て、その情熱を活用した活動をつくりましょう。教師がすでに知っていることや新しく学習する内容を、生徒がもっている情熱の周辺に位置づけるようなイメージです。こうして、カリキュラムに沿ったスキルを使いながら、生徒の専門知識や情熱をいかした新しいコーナーを考えだしていくのです。

これらは、セルフ・アドヴォカシー（一五五ページの注参照）や目標設定がもつ力を生徒に示せる素晴らしい機会となります。そうすれば生徒は、現在から将来にわたって、情熱をもっていることに深く取り組んでいく姿勢の重要性を理解します。

あなたが明日にでもできること

生徒にもっと深く学んでほしいと思うなら、私たちは彼らの情熱を学習センターの活動に結びつけていく必要があります。ここからは、明日からでもできる、あなたの意思決定に生徒の情熱を取り入れるための方法を紹介していきます。

生徒自身の専門知識を宣伝してもらう

生徒のことを知るために、一つまたは複数のコーナーで「アバウト・ミー（About me／自己

（3）原語は「small-group audience（グループ・オーディエンス）」で、一五一ページの「one-person audience（一人のオーディエンス）」と対比して述べられています。

紹介)」プロジェクトに継続的に取り組んでもらいます。次のような問いかけが考えられます。

・あなたの名前を教えてください。
・学校外での趣味や好きなことは何ですか?
・学校外で参加している活動はありますか?
・自らを表す形容詞を三つ選んでください。
・○○○(教科)で目標にしていることは何ですか?
・将来、どのようなことをしたいと考えていますか?
・大好きな食べ物・デザートや、本・映画・音楽のジャンルは何ですか?

このプロジェクトを教室の掲示板に貼りだし、ギャラリー・ウォーク(五三ページの注参照)や「ドゥー・ナウ(Do now)(4)」を実施し、生徒たちがクラスメイトのプロジェクトを見て回り、お互いにつながりがもてるようにします。

生徒はポストイット(付箋)を使って、自分とのつながりを感じたときに肯定的な「アイ・メッセージ(5)」を書きます。それぞれの生徒の「自己紹介」に、次のように書いたポストイットを貼ってモデルを示しましょう。

・私もその本を読んだよ。
・それは私の大好きな映画です。
・私はボーリングに行くのが好きです。
・その進路は私の憧れです。

このような機会は、生徒と生徒、生徒と教師の関係を構築するための絶好のチャンスとなります。

このプロジェクトを一年中貼りだしておく理由は何でしょうか？　その答えは、学校外で生徒が何に興味関心をもっているのかを教師が忘れないようにするためです。最終的には、学習センターに全生徒の興味関心を取り入れるためのリマインダーとしての機能を果たします。使用したアイディアの隣にはチェックマークをつけ、各生徒の興味関心に触れたかどうかを記録しておきましょう。

（4）　主に授業開始時に使われるアクティビティーの一つです。生徒が教室に入ってきたタイミングで素早く取り組みはじめて、学習に向かう姿勢をつくります。「Do it Now」とも呼ばれます。
（5）　書き手自身の思いや考えを述べるもので、一般に「I（私）」を主語にした文章で表現します。「アイ・ステイトメント（I Statement）」や「私メッセージ」とも呼ばれます。

先に挙げた問いかけは、オンラインのアンケート調査にも活用できます。回答をクリックするだけで生徒が学校外で何に興味関心をもっているのかが把握できるという便利な方法です。また、生徒が使っている「作家ノート」(6)の表紙に飾りつけをしてもらえば、生徒がもっている興味関心がより分かるようになります。

ノートの表紙や裏表紙に何を描くか、描かないかについては生徒に委ねます。こうすれば、心の中で考えていることの手がかりが得られるだけでなく、その生徒だけの個性あふれる作家ノートができあがります。

紙でつくられた本以上に、作家ノートは生徒の心を映しだす鏡になります。授業時間内に収まるかどうかが心配であれば、一週間かけて取り組む宿題にしてもいいでしょう。いったん各生徒について深く知れたら、それを学習センターのローテーションにいかしましょう。

「ショー・アンド・テル(Show & Tell)」をやってみる(高校でも)

自宅で大切にしているもののなかから、学習センターに関係しそうなものを生徒に持ってきてもらいましょう。それらを共有する機会を定期的に設ければ、年齢にかかわらず効果的に、生徒の興味関心を教室での学びに結びつけられます。

大切にしているものの展示スペースとして、教室の窓辺を使うといった方法もあります。カギとなるのは見せ方です。シューズケースやミルククレート(7)のような異なる大きさの箱を転用し、その上にテーブルクロスをかけてさまざまな大きさのショーケースにして、そこに生徒が持ってきたものを展示します。

プラカード(8)には、それがどのようなもので、なぜ大切なのか、また、それにまつわる感情や思いなどを記載します。この展示スペースは、展示物に接して学びの共有を行う一つのコーナーとしても使えます。

話し好きの生徒が強みを発揮するための方法としては、彼らが大切にしているものをビデオクリップで共有する「ＣＭタイム」を設けてもいいでしょう。ビデオクリップの内容にも、プラカードと同じく、それがどのようなものか、なぜ大切なのか、また、それに関してどのような感情や思いをもっているのかを含めるようにします。そして、生徒が教室に入ってきたときや、授業を終えるとき、活動と活動の間、生徒を落ち着かせたいときなどといったあらゆるタイミングで

(6)　書く力量を伸ばすためのノートです。題材集め、気に入った光景や引用の書き留め、下書きなどを書き入れていきます。いつでも書けるように持ち歩くのが特徴で、作品として仕上げるときは専用の用紙を使います。

(7)　牛乳瓶を何本も並べて収納する箱のことですが、日本ではプラスチック製の大きめのコンテナをイメージするとよいでしょう。

(8)　展覧会などで、展示物を説明するために添えられる札（キャプション）のことです。

「ＣＭタイム」を設けて、ビデオを見せます。

まずは、教師自身を例にしてビデオ紹介のモデルを示しましょう。これには二つの目的があります。一つはこの課題で期待される到達目標を提示することで、もう一つは教師自身が「ショウ・アンド・テル」をすることです。そうすれば生徒との関係構築の機会が生まれますし、学習センターの充実も図れます。

「成果発信」の壁をつくる

教室の壁面に、各コーナーで完成したプロジェクトを公開するスペースを確保します。教室の掲示板や壁面、窓辺、教室の内側にあるコルクストリップ(9)、そして教室のドア付近の外側などが考えられます。

展示物は生徒が決定するようにしましょう。その管理を生徒に任せれば教師の仕事は増えません。中高生は小学生時代に「記念の壁(10)」を経験しているはずなので、中学校では教室のスペース管理を担当させてもよいでしょう。

教師一人が多くの責任を負う形から、コミュニティーのなかでアカウンタビリティー（結果に対する責任）を生徒と共有する形に変えていきましょう。

各自の学習目標を共有すれば、生徒はクラスメイトや教師たちのなかから思考のパートナーを見つけやすくなります。また、このような目標の「見える化」は、自分が設定した到達目標に対してアカウンタビリティーを果たすための助けとなります。

生徒が取り組んでいる活動の「プレイリスト」を作成する

学校外で取り組んでいる活動について、今後どのようなイベントがあるのかが記入できる共有ドキュメントを作成しましょう。そうすれば、教師やクラスメイトが何か手助けできるかもしれません。

また、普段同じ教室で過ごしている人が何を大切にしているのかについて学べるという貴重な機会ともなります。(11) さらに、ポートフォリオの作成や「専門家の生徒コーナー」に結びつけることもできるでしょう。

---

(9)　コルクボードを横に細長くした掲示スペースです。掲示したいものの上部をピンで留めていきます。

(10)　学習の成果物、成長の記録、係活動や学校行事の写真など、学校生活の節目となるものを掲示するスペースのことです。日本では、教室後方にある掲示板をイメージするとよいでしょう。

(11)　たとえば、課外活動につながる内容を学習センターで学び、その成果をポートフォリオに収めることもできます。一方、「専門家の生徒コーナー」では、各生徒が校外で専門的に取り組んでいる内容をほかの生徒に教えることができます。「専門家の生徒コーナー」については二〇八ページで紹介されています。

完全実施に向けての青写真

ステップ1　まず「SMART目標」から（二〇五ページの注参照）

年度初めに担当するクラスが決まったら、まずその生徒たちの「居場所」に行ってみてください。彼らは、今何を必要としているのでしょうか？　どうすればそれが提供できるのでしょうか？　また、生徒自身がもっている強みを学習にいかせる仕組みが整っているのかどうかを確認しましょう。

それと同時に、生徒は自分の生活のなかから得意分野を洗いだし、そのように思う根拠とともに書きだします。もし、苦労しているようなら、自分の強みをすぐに見つけてくれそうな友人とペアを組んでもらいます。自分の得意分野のリストがつくれたら、とくに興味関心のある分野にラインを引き、これから取り組みたいことを（SMART目標の立て方を使って）行動目標として設定します。これには次の二つの方法があります。

①一定期間中にすべての生徒が参加するコーナーを複数設置して、短いローテーションで回していきます。

②「お互いを知りあおう」プロジェクトのコーナー（三九ページ参照）を設置して、年間を通してその内容を発展させていきます。

①と②のコーナーは常時設ける必要はありませんが、生徒の成長や興味関心の変化に合わせて定期的に設けるとよいでしょう。

ステップ2　「才能を磨く時間」を用いて生徒の興味関心を学習センターに取り入れる（四九ページの注参照）

生徒の興味関心を調べるアンケート調査を終えたら、その情報を使って、学習センターを生徒向けに個別化しましょう。たとえば、あるクラスがスポーツ、とりわけサッカーに興味をもっているとします。この場合、学習センターの教材としては、とくにサッカーに注目して、スポーツの世界を描きだしたフィクションを加えます。教材と生徒との間に結びつきがあれば、彼らの興味関心は高まります。

一方、リスニング・コーナーには、有名なサッカープレイヤーをはじめとするアスリートに関する物語を置くとよいでしょう。もちろん、ライブラリー・コーナーにもアスリートに関する本を配置します。

ライティング・コーナーでは、スポーツを題材に、個人の経験談、インタビュー、雑誌や新聞の記事、詩、本のインタビューなどの形態を使ってノンフィクションを書く活動に取り組みます。また、フィクションとしては、連載漫画や短編小説、グラフィック・ノベル、パラパラ漫画を創作します。

数学コーナーでは、架空のスポーツチームをつくって、収入と支出をもとにした予算案を組みます。数学の概念を用いながら、そのチームに関する文章題を生徒が作成します。その文章題は、数学コーナーの生徒たちが解決する課題ともなります。

まるで現実にあるかのような状況のなかで、生徒個人の興味関心とのかかわりを保ちながら数学のスキルを用いることになります。数学コーナーの課題を、復習のための質問、今学んでいる概念、そして難しい質問によって段階的に組み立て、生徒が数学ゲームを設計したり、既存の数学ゲームで遊べるようにしましょう。

テクノロジー・コーナーでは、生徒自身のプロジェクトや研究に関する調査を行ったり、ほかの人に教えるようにして学びを広げていき

ライティング・コーナーでは、個人の経験談、インタビュー、雑誌や新聞の記事、詩、本のインタビューなどの形態を使ってノンフィクションを書く活動に取り組みます。また、フィクションとしては、連載漫画や短編小説、グラフィック・ノベル、パラパラ漫画を創作します。

ます。テクノロジーを使って教室のブログやウェブサイトを立ちあげ、自分の作品を解説していくのです。

ウェブサイトの立ちあげには、ウィーブリー[12]に授業専用の無料版がありますので活用してください。また、フリップグリッドを使えば、学習内容を録画して共有したり、クラスメイトに返信したり、進行中の会話に参加することもできます。さらに、パドレットでは読んだ本のレビュー、関連のある内容、重要な質問への回答などといった投稿ができます。クラスメイトの投稿を読んだり、それに返信することももちろん可能です（フリップグリッドとパドレットに関しては三三ページ参照）。

こうしたアイディアを使って、自分の学習成果を発表するようにと生徒に伝えます。つまり、生徒自身のアイディアを試したり、計画を示したり、考えていることの説明ができる場を与えるのです。その後、教師は学びの促進役となって、生徒のプロジェクト全体を通して指導したり励ましたりします。

何かに対して情熱をもっている人は、熱心に取り組んだり、創造性を活発に働かせたりする場合が多いほか、スキルを使う必要性について理解しやすい傾向があることを忘れないでください。

---

(12)　ウェブサイトなどが手軽に作成できるオンラインサービスです。

ステップ3　各生徒にぴったりのコーナーがあることを確認する

年度初めに、生徒がどの学習スタイルを好むかを調べます。「education planner.org（多肢選択式の調査で回答数は少なめ）」や「learning-styles-online.com（各項目を三段階で評価していく形式の、より詳細な調査）」などのウェブサイト（無料）が役立つでしょう。どちらも所要時間は一〇分以内と短く、生徒がもつ学習スタイルを正確に映しだしてくれます。(13)

生徒の学習スタイルの特徴が分かったら、それぞれのスタイルを念頭に置いて各コーナーを設計します。そうすれば、各生徒が自分の学び方に適したコーナーをもてるようになります。自分の学習スタイルを識別する能力は、生涯にわたる「学びの旅」を支える力となります。

ステップ4　生徒の選択に関心をもつ

ローテーション表を見ながら生徒を出迎え、どのコーナーを好んでいるのかに注目します。とくに、最初に入ってきた生徒に注目しましょう。(14)生徒同士の話に耳を傾けながら、もしコーナーを決めるのに時間がかかっているようなら教師から提案します。笑顔を見せたり、うなずいたり、アイ・コンタクトをすれば、教師が自分たちの学びに関心をもっていると生徒は即座に理解できます。

教師が生徒の活動に注目し、その学習成果に価値を感じていると示すために、次のように問いかけてみましょう。

・どうしてこのコーナーを選んだのかな？
・秘密の読書コーナーで楽しそうに本を読んでいたね。本のなかで何かワクワクする出来事が起こったの？
・ここまで読んだなかで、お気に入りの部分はどこですか？
・あまり好きになれない登場人物は誰？
・連載漫画に出てくる登場人物はまさにヒーローだね。彼／彼女が次にどんな冒険をするのか、待ちきれないね。
・あなたがフリップグリッドにつくったビデオは、リスニング・コーナーで聞いたお話のテーマを表現したものでしたね。
・あなたのパドレットには、今読んでいる本のなかの登場人物とあなたの似ているところが示されていたね。

（13）０（あてはまらない）、１（ある程度当てはまる）、２（当てはまる）の三段階で各項目を評価していきます。
（14）アメリカの教室については、一七ページの注（６）も参照してください。

・あなたがつくった「折句《おりく》」のポスター、とてもカラフルですてきでした。学校の玄関ホールか教室の掲示板に展示してみませんか？
・もし興味があるなら、募集中のコンクールを調べてみます。あなたの作品を応募してみませんか？

時々、どのコーナーに行こうかと生徒は躊躇するものです。行きたかったコーナーが満員だったり、友達がいないために別のコーナーを選んだり、興味を引かれるコーナーが何もないということも考えられます。そのようなときは、次のように声をかけて移動を促します。

「まだ○○コーナーに行っていないみたいね。試してみたらどう？」

「○○コーナーが空いていますよ。参加してみませんか？」


教師からの温かい励ましがあれば、生徒は動いてくれるでしょう。時々、「今日、本当は○○コーナーに行きたかったんです」と答える生徒がいるかもしれません。もちろん、定員に達したコーナーであっても、少し余裕がありそうなら、教師の判断でもう一人そこに入れるようにしてもよいでしょう。そうすれば生徒は、教師を、「学びの旅」を助けてくれる柔軟な存在であると考えるようになります。

ステップ5　同じ興味関心をもつ生徒同士をつなげる

「類は友を呼ぶ」とよく言いますが、コーナーでも同じことが言えます。共通の絆を感じたときにより心を開き、互いに協働しやすくなります。アンケート調査の結果を確認して、スポーツについての本が好きな生徒をリスニング・コーナーに集め、選択肢の一つとしてスポーツに関する話を聞かせましょう。共有と話し合いの時間になったら、生徒たちは自らの経験に即した有意義な会話をするでしょう。授業中のやり取りはきっと教室の外でも続き、友情が芽生えるかもしれません。

ステップ6　興味関心のネットワークを体験する

現代世界において私たちの思考に大きな影響を与えているのは、人と人とをつなぐネットワークです。それをふまえて、生徒がそれぞれの興味関心や学習目標を持ち寄り、それらを混ぜあわせたり、組み合わせられる機会をつくりましょう。つまり、交流を組みこんだコーナーをつくるのです。

このコーナーの一環として、専門家グループ（エキスパート・グループ）から提供された情報を生徒同士が混ぜあわせて考えるように促す「ジグソー学習」があります。また、自分が希望する就職先を選び、生徒同士で模擬面接を行いながら指導しあう「将来の職業コーナー」の設置も可能です。

生徒が特定の分野の専門家になりきって活動できるような、適切な設定を心掛けてください。彼らは、その場の目的や状況にあわせた仮想空間の面接を体験します。それによって、その仕事や職務内容についての貴重な見識を得ますし、対人関係スキルを練習したり、洗練された回答を学ぶほか、さまざまな場面においてどのようなやり取りをすればよいのかについて見通しと安心感がもてるようになります。

課題を乗り越える

教師として年齢を重ねていくと、生徒や彼らがもっている情熱との結びつきが難しくなっていきます。だからといって、諦めていいわけではありません。学びが生徒に関するものである以上、私たちは生徒のためにできるかぎりのことをしなければなりません。知る必要のあることと知りたいことを結びつけるために、情熱を伴った学びの空間をつくりだす必要があります。

ここからは、同僚からの質問例とその回答に関するアイディアを示します。これらをお読みになれば、生徒の情熱をうまく活用するための方法について深く理解できるはずです。

カリキュラムと生徒の情熱は関係ありません

確かに、私たちが教えている内容の多くは生徒の情熱に即したものになっていないかもしれません。しかし、教師は、学びがより魅力的なものになるような入り口を見つける必要があります。読むことを教えている教師（国語教師）なら、特定の興味関心に沿った物語は容易に見つけられるでしょう。

「Newsela」、「poets.org」、「Gale-Kids InfoBits」などのオンライン・サイト(15)をはじめとして、短編小説やノンフィクション記事が簡単に見つかる情報源が豊富にあります。生徒がこれらのウェブサイトにアクセスして、活動のねらいに合致し、自身の目標を達成するための教材を自分で選べるように、ミニ・レッスン（三一ページの注参照）を実施しましょう。生徒が選択することに関して、もう少し柔軟に考えてみてはいかがでしょうか。

これに加えて、生徒にも学習センターで使う記事や物語、本の共有に貢献してもらいましょう。自分が提案したものが教師によって学習センターの教材に加えられると知ったら、次の二つのこ

(15)「Newsela」と「Gale-Kids InfoBits」は、多様な話題やジャンルの文章素材を提供する学校向けのウェブサービスです。書籍や新聞、雑誌、定期刊行物などに掲載されたさまざまな素材から学習向けコンテンツを選びだしてデータベース化しています。「poets.org」は、アメリカ詩人協会が運営するウェブサイトで、幼稚園から高校までの教師向けに詩や詩人の伝記、詩に関するエッセイなどを提供しています。

とが起こるでしょう。

・生徒が好奇心をもって各コーナーに向かい、提案が取り入れられたことに感激して、さらに教材を読んだり見たりするでしょう。

・ほかの生徒たちも、自分の探した記事や本、そのほかの提案を学習センターに取り入れてほしいと思うようになるでしょう。(16)

教師は、生徒が研究や読書に挑戦したり、自分自身に宿題を課したりするためのプラットフォームづくりという役割を担っています。また教師は、学習センターでの共有に貢献した生徒に「追加の単位」を与え、その事実を生徒の評価シートに記録しておく必要があります。課題の提出が必要な生徒に対して、この「単位」の取得チャンスを与えるというのもよいでしょう。これらの記録を、学期末の成績評価に反映させます。

すべての生徒が学ぶ対象を好むとはかぎりません

こちらが提供する教材の選択肢をより多くすれば、それぞれの生徒に学びが生まれる可能性が高まるはずです。ひとたび教師が自分の提案を受け入れてくれると理解すれば、生徒たちはその活動に貢献しようとするはずです。

これに加えて、生徒がローテーションのなかで夢中になり、次にもっと興味関心の高いコーナーに行けると分かれば、あまり魅力のない内容でもやり遂げようと頑張るはずです。また、各コーナーにおいて協力したことで自信がつき、その活動が上手になっていくにつれて、これまでとは異なる態度を示すようになります。

「声を集める箱」（「ハック１」および「ハック３」を参照）を使って、カリキュラムと自分の提案のつながりを生徒が実感できるようにしましょう。

「何にも興味がありません」

生徒がこのように言ってきたら、その理由を調べましょう。多くの場合、過去の失敗体験に関係しています。よく考えてみてください。苦手なことをしたいと誰が思うでしょうか。苦手なことを練習するよりは、やらないほうが楽なのです。

このような場合には、その生徒にとって取り組みやすい方法を提案します。たとえば、「絵が描けないから」と言ってアート・コーナーを避けている生徒には、それを得意としている生徒と

(16)　唯一の教材としての教科書の時代は、すでに過去のものと言えるでしょう。すでに、選べる教材という時代に入っています。「テキスト・セット」という捉え方が『教科書をハックする』（前掲）のなかで紹介されていますが、教師だけが頑張る必要はありません。ここに書かれているように、生徒の貢献も重要な要素となります。

リーダーへのヒント

管理職には、生徒と教師の情熱を育む役割があります。また、管理職は、教師を情熱の面からサポートする貴重な役割を担っています。教師と一緒に目標を設定する際には、その教師が専門的な力量の開発として何を目指しているのか、また情熱を注いでいる対象は何なのかを調査して、その対象に没頭したり、目標が達成できるような機会を提供してください。

チームを組んでもらいます。そうすれば、得意な生徒が、その生徒に課題を達成するためのさまざまな方法を教えるでしょう。また、アート・コーナーでは、雑誌の写真、クリップアート、デジタル画像を利用してもよいと生徒に伝えましょう。

クラスメイトとのやり取りによって動機づけられる生徒もいます。刺激を受けるために生徒同士でチームを組み、一緒に取り組むというスタイルですすめてもよいでしょう。

たとえば、ある男子生徒二名はライティング・コーナーに嫌悪感を抱いていました。しかし、彼らはポケモンに興味をもっていたので、ポケモンの新しいキャラクターをつくって、その冒険物語を書くというアイディアを思いつきました。

彼らが「一緒に取り組んでもよいか」と尋ねてきたので、私は「もちろんです」と答えました。その結果、彼らは、二人の新しいキャラクター（主役と敵役）を生みだし、問題に直面する場面、クライマックスの場面、問題を解決する場面という三つから構成される一〇ページのブックレットを書きあげています。

生徒たちは、本物の作品創作に取り組むことで英語（国語）の授業で学んだ読むスキルを活用する機会を得て、そのスキルの理解度を示す作品を生みだしたのです。この学びの記録は、フィクションに関する指導事項の達成を示すデータに加えられました。

ハックが実際に行われている事例

著者の一人であるターウィリガーは、六年生に対する追加の学習時間[17]として「才能を磨く時間」を設けました。この期間中、生徒が探究を進めているなかでターウィリガー先生は、シルヴィアという生徒とより深くつながるための方法を発見しました。次に紹介するのは、シルヴィアのなかで火花が散ったときに関するターウィリガー先生の話です。

生徒のそばで指導を行うために、生徒が自分の選んだコーナーで活動しているときに私は教室内を歩き回り、様子を観察し、生徒にカンファランスしています。生徒が何を探究しているのか、

---

(17)　学校によって設定されている長さは違うようですが、だいたい二五〜三〇分の時間を使って、学習の手助けが必要な生徒を支援したり、より進んだ学習・幅広い学習をする時間として使われるようです。「才能を磨く時間」については四九ページの注（26）を参照してください。

何を書いているのか、苦労しているのか、あるいは前進するための手助けを求めているのかを判断するために生徒のそばまで行くのです。

ある日、シルヴィアは興味のある記事が見つけられないような様子をしていました。読みたい内容がなかなか見つからず、長い時間検索していました。

「調子はどう?」と私は尋ねました。

「記事が見つからないんです。というより、何に興味があるのか分からないんです」と彼女は答えました。

「あなたが書いたホンジュラスについての記事を見ましたよ。ホンジュラスはあなたのカルチャー・レポート[18]に記されていた国の一つですか?」

「いいえ、私はエクアドル出身です」

「では、エクアドルを調べてみましょう」

検索エンジンに「エクアドル」と入力すると、火山に関する記事が表示されました。途端に彼女の表情が明るくなり、「おばあさんがその火山のすぐそばに住んでいて、たびたびそこを訪れていた」とシルヴィアが説明をはじめました。どうやら、火山については非常に多くの体験があり、個人的な関心もあるようです。彼女は、もっと深く読んだり調べたいという思いを抱きはじめました。

「これはあなたのための記事だと思いますよ」

記事を読んでいる様子を見て、私は彼女が興奮していることに気づきました。彼女は、文章をハイライトする機能を使いはじめました。また、近くのクラスメイトに近寄って、読んでいる記事について教えてもいました。

活動に対するシルヴィアの態度がすっかり変わり、姿勢がよくなり、表情が明るくなりました。彼女はやる気に満ち、学ぶことに駆り立てられ、集中していたのです。その結果、コーナーのなかに生徒同士が互いの学びを深めあうコミュニケーションが生まれました。

彼女は課題をやり遂げたあとに私を呼び、何を学んだのか、その記事に出合えて本当にうれしかったと、誇りをもって話してくれました。彼女は、次の目標のなかで、「エクアドルについてもっと調べたい」[19]と宣言しました。私は、「次はエクアドルの重要人物について調査してみたら」と提案しました。

(18)　ここでは、生徒が自分の出身国・地域や母語などを記入して学校に提出する書類を指します。

(19)　「『エクアドルはもういいから別の国にも挑戦したら』と言ってしまいそうなところですが、この教師のように提案できることが大切なのですね」という翻訳協力者のコメントがありました。

このような種のまき方、いかがですか。時には、生徒は活動につまずき、課題をどのように克服すればよいのか分からない場面に遭遇します。そのようなときにこそ教師は、生徒が学びの成功に近づくための後押しを必要としていることに気づいて、そばに歩み寄ってガイド役を果たさなければなりません。

教師は、カンファレンスを通して生徒が直面する課題を乗り越えるための手助けをしたり、目標を達成したと気づかせるパートナーになれるのです。

教室で情熱を分かちあうというのは、コミュニティーを築き、人間関係を育む素晴らしい方法です。生徒の興味関心を学びに取り入れれば、すべての生徒を対象として、動機に深く結びついた場がつくりだせます。何にワクワクするのかについて生徒がはっきりと説明できれば、教師は、生徒の学びと成長を推進するための目標設定の方法について、より効果的な指導ができるでしょう。(20)

教室のなかで生徒と教師の興味関心を尊重していくために、次の質問について考えてみてください。

❶生徒の興味関心についてどれくらい知っていますか？
❷それらについてより深く理解するためには、何をすればよいですか？
❸最後にスポーツイベント[21]に参加したのはいつですか？　また、授業で生徒たちと最後に遊んだのはいつですか？

イベントに参加したり、生徒の生活に興味関心をもてば、定められたカリキュラムとのつながりがつくりやすくなります。学習センターは、生徒や教師がもっている情熱の使い道を小グループにもたらす機会となり、生徒たちがより深い人間関係を構築して、クラスの居心地をよくしたり、文化を向上させることができるのです。

---

(20)　本章を読んだ翻訳協力者の感想を紹介します。「生徒に、自分の好きなものについてじっくり詳しく考えてもらう時間をつくると、『こんなに自分の好きなものについて向きあって考えたことがなかった』という答えが返ってくることがあります。自分の好きなもの、自分がワクワクするものが何かということを意識する機会は意外に少ないのかもしれませんね。そういう意味で、何にワクワクするのかを自分ではっきり説明するというのも大事な力だなぁと思いました」

(21)　スポーツイベントは本章の内容に基づく一つの例示でしょう。スポーツでなくてもいいので、自分の情熱に打ちこんだ（ないし、生徒の情熱にお付き合いした）時間のことを思い出そうという趣旨だと思います。

ハック8

どこまでも成長し続ける状態を後押しする

教室での意思決定を個人の世界へと広げる

明日死ぬかのように生きよ。
永遠に生きるかのように学べ。

（マハトマ・ガンジー）*

（＊）（Mohandas Karamchand Gandhi, 1869～1948）「非暴力、不服従」を貫いたインド独立の父です。

問題　教科と教科のつながりが弱く、学校と社会が結びついていない

生徒が何をどのように学ぶかに関するエイジェンシー[1]は、多くの場合、教師が握っています。そのため生徒は、自らの意思決定が学校の内でも外でも重要なものであると見なせなくなっています。意思決定のプロセスから除外された結果、生徒が無関心や無気力に陥り、個人の生活に支障をきたす場合も少なくありません。

学校教育は、教科同士の自然なつながりに生徒が気づけるようには構成されていません。とくに、教科ごとに教師が代わる中等学校（中学校・高校）ではそうなります。また、教科横断的な学びが盛んに実践されているとはまだ言えません。そのため教師は、孤立したスキルや内容を教える際、それらを関係づけられない生徒を見てイライラしてしまうのです[2]。

教師として私たちは、生徒の無関心や無気力に挑戦し、彼らが教室で学ぶための安定した環境を構築するという役割があります。生徒たちには何の能力もない、と考えていた時代を終わりにしなければなりません。これからは、

学校で学んだ内容を学校外の興味関心や将来の人生に結びつける機会が提供できれば、生徒の成功は約束されたようなものです。

すべての生徒には能力があり、それを証明する方法は見つけられる、と考える必要があります。

ハック　どこまでも成長し続ける状態を後押しする

もし、生徒が学んだことを覚えているのであれば、それは学校内でも学校外でも応用できる、記憶に残るものであるにちがいありません。生徒の生活に影響を与えたいのであれば、彼らが学校で適切な意思決定ができるように支援し、その意思決定の方法を異なる環境でもいかせるように教える必要があります。

学習センターは、生徒の自立を促進し、学ぶ場所や一緒に学ぶ相手を決定できる優れた方法[3]です。また、周囲にあるものを活用する方法を理解するといった、重要なライフ・スキルも学べま

（1）自分が学びの当事者であるという感覚・主体性のことですが、ここでは、学ぶ内容や学び方に関する「決定権」という意味で用いられています。

（2）学びが教科で「ブツ切り」になる原因は、各教科を串刺しにせず、教科書のカバーやテストがしやすい個別知識とスキルの教育となっているからでしょう。教科の枠という弊害を乗り越えた授業の見本が、『いい学校の選び方』（吉田新一郎、中公新書、二〇〇四年）の一二七〜一三〇ページにおいて、小学四年生の言葉で紹介されています。入手困難な方は、pro.workshop@gmail.com に連絡ください。

す。さらに、人生で出合うであろうさまざまな困難を疑似体験できる学習センターの設計も考えられます。生徒が人生の分岐点に差し掛かったとき、必要とされるスキルは何かを考えられるよう、社会の状況に合わせた学習センターを設計していく必要があります。

生徒が成長・発達する過程では、協働性、コミュニケーション、そして関係性のすべてが、教室の内外を問わず一体となって働きます。これらのスキルは自然に身につくものではなく、私たちが教えなければならないものです。学校で学んだ内容を学校外の興味関心や将来の人生に結びつける機会が提供できれば、生徒の成功は約束されたようなものです。

あなたが明日にでもできること

学校で学んだスキルや内容を学校外の生活や将来にいかせるようにするために、次のようなソフト・スキル[4]を取り入れてみましょう。

将来の目標に結びつく意思決定の場をつくる

学校では、ほとんどの場合、教師があらゆることを決めてしまっていますが、教室には多様な興味関心やニーズをもった二五名の生徒がいます。後々まで記憶に残る学びをしてほしいのであれば、何をどのように学ぶかに関するオウナーシップを生徒自身がもたなければなりません。

具体的なテーマ（たとえば、困難の克服）について教えるときには、生徒の実態に応じて「Lexile 指数」(5)の異なる五、六冊の小説を準備したうえで本の試読会を開き、本を選んでもらいましょう。本の概要やレビューを知るために、本のカバーを読む、表紙や裏表紙を読む、章のタイトルを読むなどの方法を使ってみるようにと伝え、読みたい本を二冊選んでもらいます。

その後、どちらかの本に基づいて小グループをつくります。ミニ・レッスンを実施し、読むためのスキルを教えたあと、選んだ小説でそのスキルを練習するように伝えます。

---

(3)　ライフ・スキルに含まれている項目は、下のＱＲコードで見られる表の右側にリストアップされています。

(4)　協働性やコミュニケーションを含めた、対人関係スキルを指します。しかし、それ以外の問題解決力、時間の管理や計画性、意思決定力や創造性、クリティカルな思考なども含まれます。上記のライフ・スキルとかなりオーバーラップしますので、「二一世紀スキル」とほぼ同じものとも言えます。それに対して「ハード・スキル」は専門知識や技術的能力を指し、これまで学校などが重視してきた、テストで測れるものとなります。

(5)　アメリカの「MetaMetrics® 社」が開発した「読解力」および「文章の難易度」を示す指標です。世界一六五か国以上で活用されています。アメリカでは、小学三年生〜高校三年生の約半数が、英語能力テストの結果とともに Lexile 指数の判定を受けています。また本には、単語数や難易度、構文の複雑さなどに基づいて Lexile 指数が割り振られています。「Lexile 指数」で検索すると情報が得られます。

表8－1　生徒のデータ　試読した小説に関するワークシート

本のメモ **評価**（注1）  **表紙**　魚とアヒルちゃん **書名**　ルール！（注2） **内容**　自閉症の弟にお姉さんのキャサリンがルールを示してあげる。	**本のメモ** （←最終的に選んだ本を示す印、優先順位①） **評価**  **表紙**　ランチトレイが二つ **書名**　席をとっておいて（注3） **内容**　Raviという名前の子どもが友達を探している	**本のメモ** （←最終的に選んだ本を示す印、優先順位②） **評価**  **表紙**　タイトルの「Slob」にお菓子のオレオが使われている **書名**　だらしない（Slob）（注4） **内容**　頭のいい太っちょ少年、オーウェンの話

（注1）３段階の顔文字、当てはまるところが塗りつぶされている。
（注2）46ページを参照。
（注3）45ページを参照。
（注4）エレン・ポッター著。

一冊ごとにコーナーを設けて、生徒が順番に回っていくようにします。**表8－1**は、エミリーという生徒がコーナーを回りながら試読した結果をメモにした事例です。エミリーのデータシートはよくできていたので、すぐにクラス全体で共有され、ほとんどの生徒が彼女のものをモデル（またはそれに似たもの）にしていました。また、共有によって生徒同士のつながりも深まりました。

　自分が選んだ本を読む際にサポートを必要としている生徒がいる場合には、パートナー読書[6]やオーディオブックを使って支援します。オーディオブックが利用できない場合は、すべての課題を終えた生徒を呼んで、「本の録音をしてくれませんか」と頼んでみましょう。

具体的なスキルを教えるためにノンフィクションの記事を活用する場合には、記事のトピックを生徒自身が選択できるようにしてはいかがでしょうか。また、ジグソー学習（二三三ページ参照）を活用して、選んだ記事を読むために必要な方法を生徒同士が教えあうといった活動を計画してもよいでしょう。

種をまく

あるアイディアを教師が提案したら、どのようにしてそのアイディアを各コーナーに取り入れるのかについて考えてもらいましょう。たとえば、三月は「女性史月間」(7)です。これについて説明したうえで、そのトピックをさまざまな分野にどのように導入・応用できるかを尋ねます。月ごとのテーマを設定すれば、関心を向けさせたい内容に集中させやすくなります。

この方法を使えば、「サッカーのミア・ハム(8)の話を読もう」といった提案が生徒から出される

(6)　少しでも読める生徒が、読むことがあまり得意でない子どもを助けながら読む方法です。
(7)　歴史上や現代社会の出来事に関して女性が行った貢献に焦点を当てることを目的として定められました。アメリカでは、国際女性デーである三月八日にあわせて三月に実施されています。
(8)　マリエル・マーガレット・ハム（Mariel Margaret Hamm, 1972～）。元アメリカ代表の女子サッカー選手です。

でしょう。自分たちの活動に多様性や選択肢を組みこんでいけば、生徒は活動の企画段階から自分の声をいかして深く参画できます。

アイディアを収穫する

生徒の頭の中を探る手っ取り早い方法といえば、入退室用のポストイット（入口・出口チケットと同様の方法）の使用です。これに記入して「声を集める箱」（二六、一四四ページ参照）に投函し、次のローテーションで取り入れてほしいアイディアを教師に伝えてもらいましょう。生徒のアイディアを授業で使用した際には、提案してくれた生徒を称賛できるように、クリップボードの名簿にチェック欄をつくって記録を残します。いったん褒め（あるいは、生徒のアイディアを見える形で採用する）はじめれば、次々とアイディアが舞いこんでくるでしょう。

協働学習で問題を解決する

行き詰まっている生徒を見つけたら、そばに行ってカンファランスをしましょう。教師がアクティブ・リスナー（能動的な聞き手）となって、大切なテーマを見つける手助けをします。これは、小グループであればより手軽に実践できるでしょう。なぜなら、各グループは同じ課題に取り組んでいるわけではありませんので、グループからグループへと移動しながらそれぞれに応じた声かけができるからです。

数人の生徒が同じ問題に直面している場合には、その解決策をブレインストーミングするために、ミニ・レッスンの時間をクラス全体にもちかけましょう。素晴らしい解決策は、生徒たちと一緒に考えたときに生まれる場合が多いからです。

クラスをコーナーごとの小グループに分ければ、生徒の自立性が高まります。大人に頼るのではなく、問題解決のために自由を与えれば、大学や職場で役立つスキルが（教室のなかで授業を受けながら）生徒は学べるのです。

完全実施に向けての青写真

ステップ1　コミュニティーの一員として意思決定するための人間関係を構築する

人間関係の構築は、教室や学校コミュニティーにおいては学びの柱となります。適切な意思決定を行い、周囲によい影響を与えるためには、生徒自身が選択の重みを自覚する必要があります。教師と生徒が明確な目的を共有していて、生徒同士にも力強い関係性が育まれていれば、生徒と一緒に乗り越えていく必要のあるすべてのことがもっとスムーズに進むでしょう。

学習センターは、人間関係を築くうえで理想的な場所です。生徒は、必要とするスキル、学習内容、興味関心に応じて小グループに分かれるので、スムーズな形で人間関係が深まります。

いったん人間関係が強化されれば、最初に手助けすべき生徒は誰か、各生徒にどのようにアプローチすれば最善なのかが容易に分かります。生徒に敬意を示しながら、成熟したコミュニケーションのモデルを見せるチャンスが生まれることでしょう。

生徒に丁寧に話しかけ、この場所に所属してよいという安心感をもたせ、共有スペースでの発言権を与えましょう。学習センターのローテーションが感情と社会性（ＳＥＬ）のスキルに基づいている場合には、単に成績が優秀な人間ではなく、より立派な資質を備えた人間になるためにどこを改善すればよいのかなどについて、より明確な形で生徒に伝えられます(9)。

また、人間関係の構築方法をモデルで示したいと思ったら、意欲的な同僚を数人集めて教科横断的なプロジェクトを計画し、学びを発展させるためにどのような工夫をしているのかについて各教科の教師に話してもらいましょう。

その際には、「フィッシュボウル（金魚鉢）」と呼ばれる、会話を協働して進める方法を使うとよいでしょう。メンバー間のやり取りを生徒に観察してもらえば感情と社会性（ＳＥＬ）のスキルについて話し合う機会が生まれ、活動をはじめるための確かな土台がつくれます。

まず、生徒に学習計画を伝えて、その活動を企画するために教師たちが協力しあっている様子を見てもらいます。生徒を企画セッションに招待して、教師がプロジェクトを成功させるために協力し、互いにアイディアを出しあい、責任を委ねあっているところに立ちあってもらうのです。あるいは、協力してブレインストーミングに取り組むセッションのモデルを示したうえで、学習センターを使って同様のプロセスに取り組む機会をつくります。そうすれば、すでに構築されている人間関係をいかして、学習スキルと感情と社会性スキル（ＳＥＬ）の育成ができます。

ステップ２　好奇心を引き出す

元々好奇心が旺盛で、子ども時代に抱いた疑問を追いかけ続けている生徒が少しはいるかもしれません。しかし、残念ながら、多くの生徒の好奇心は学校に通い続けることで忘れ去られています。教師の仕事は、それを取り戻すために尽力することです。

生徒は経験していないことは理解できないので、新しいアイディアを（生徒がすでにもってい

(9)　要するに、学習センターを設計したり、グループ分けをしたり、回る順番を調整するときに、感情と社会性のスキルの程度を考慮するという方法です。日本の教育界でこのようなことを考えて、実践した人がいたでしょうか？　ここで言う「感情と社会性のスキル」には、共感する力、自己認識力、自己管理能力、社会認識力、よい対人関係を築く力、責任ある意思決定力が含まれます。これらについては、『感情と社会性を育む学び（ＳＥＬ）』（前掲）を参照してください。

る経験や知識と関連づけて）どのようにパッケージ化するかが重要となります。新しいテーマを探究する手段として、「ブレイクアウト・ルーム」や「スカベンジャー・ハント」[10]の活用を検討してみましょう。フィードバックの収集と新しい学習機会のデザインを手伝ってくれる生徒を集め、彼ら自身のアイディアを実行に移し、クラスメイトを引きこめるように手助けします。

生徒の好奇心を育てるもう一つの方法は、仕事をさせることです。インターンシップやジョブ・シャドウイング[11]とは何かを教えたうえで現場に連れだせば、ある職業に従事する意味が学べます。

その後、関心の高かった職業を中心にしてローテーションをつくり、進路について探究するように促します。その成果は、各コーナーのなかでフリップグリッド（二三二ページの注参照）、ショート・ムービー、文章の記述などといったさまざまな方法で共有可能です。

もし、周囲にいる職業人とつながりがもてない場合は校内を探してみてください。管理職、教師、言語聴覚士、ソーシャル・ワーカー、食堂の調理員など、校内にあるさまざまな仕事について考えてみましょう。一日だけ生徒と役割を入れ替わり、それぞれの仕事がどのように行われているのかを体験するのもよいでしょう。ロール・プレイは、好奇心や想像力を養う効果的な方法です。各コーナーにおいて生徒は、仕事をするとはどういうことかを実感するでしょう。

さらに、関心の高い職業に関するコーナーを設置して（あらかじめ生徒に尋ねておく）、それらの職業の典型的なアイテムを配置するという方法も考えられます。生徒は、それらのアイテムをよく見て、それがどのような仕事に使われているのか、その仕事は自分に合っているのかを考えます。

ステップ３　学校と地域社会のつながりをつくる

外部とのパートナーシップを構築するには時間がかかるため、私たちは明確な意図をもって関係性を構築する必要があります。クラスで、生徒の興味関心をサポートしてくれる地元の企業や団体を調査する活動を行いましょう。この活動は、クラス全体に調査方法を教える絶好の機会となります。また、学校コミュニティーの柱ともいえるＰＴＡが、このような活動をする際に役立ちます。彼らは生徒に近い存在なので、生徒が興味をもてそうな機会を紹介してくれます。ＰＴＡにお願いすれば、的確な方向に教師を導いてくれるでしょう。

---

(10)　どちらも、個別、ペア、ないし小グループでの作業で、自分の考えや経験をいかして学びを促進する方法です。チームビルディングの手法をイメージするとよいですが、ここでは単に生徒同士の親睦のためではなく、好奇心を引き出すことが目的となっています。

(11)　日本の学校などで行われている一般的な職場体験とは異なり、その人の典型的な一日に密着して観察する方法です。訳者の一人がこの方法で書いた本が『校長先生という仕事』（吉田新一郎、平凡社新書、二〇〇五年）です。

学校に協力してくれる企業や団体の候補が決まったら、今後の学習内容と達成したい目標を説明するための依頼文を書きます。それらの企業や団体の広報担当者に学校まで来てもらって、生徒に話をしてもらうほか、学校外での体験学習の機会を提供してもらいます。(12)このようなつながりは学校と仕事を結びつけることになりますし、生徒にとっては貴重な体験実習につながる可能性があります。そして、のちにその成果を学習センターで共有することもできます。

本質的な対人関係スキルを身につけるための活動として、精選されたインタビュー質問をあらかじめ準備したうえで初対面の大人とかかわるという方法もあります。(13)この方法は、さまざまな状況に応じたコード・スイッチングや適切な話し方に関する指導ができる絶好の機会となります。実際に学校外でする前に、まず学習センターを使ってインタビューの練習をしましょう。

ステップ4　放課後の時間を使う

生徒は毎日忙しい生活を送っているので、協働作業のプロセスに深く入りこむための時間と空間を見つけるのは必ずしも容易ではありません。そこで、関心事を共有する教師とチームを組んで、授業前の時間や自由時間、または放課後に、生徒が学習センターのメンバー同士で活動できるスペースを設置しましょう。校舎内に共有スペースや空き教室がある場合は、そこを「コラボレーション・ラボ」として使えばよいでしょう。

協働するスキルを学習センターで練習したあとは、そのスキルが学校外でどのように役立つのかについて理解する必要があります。あなたが確保できる場所と学校外の時間を使ってスケジュールを立て、できるだけ多くの練習時間を提供しましょう。

ステップ5　教科を横断する学びのイベントをつくる

同僚の教師に協力してもらい、学習センターのなかに各教科のハイライトとなるイベントを設置しましょう。教科ごとのテーマに基づいたエリアをつくり、生徒が各教科で作成した作品を紹介し、それがほかの教科とどのように関連しているのかについて説明します。ある教科から別の教科にスキルを応用するというのは、生徒にとって決して簡単ではありませんが、学びのつながりが自然に生まれる機会をつくればより深い理解が促進されます。

このアイディアを生徒と一緒に管理職へ売りこみに行き、企画メンバーの一員として力になってもらいましょう。それが難しい場合は、学習センターの一コマに管理職を招待してもいいでしょう。授業時間内に終えられるようなシンプルな計画をつくりましょう。みんなが盛りあがる魅

---

(12) インターシップと同じものと考えられます。『一人ひとりを大切にする学校』（デニス・リトキー／杉本智昭ほか訳、築地書館、二〇二二年）を参照してください。なお、この本は本章全体にわたって参考になります。
(13) 相手や場面に応じて、使用言語や言葉遣いを切り替えることです。

力あるネーミングを考えるとともに、生徒同士が意見交換できる活動も用意しましょう。

イベントを企画・運営し、物理的なスペースや材料、備品を決定するのは生徒の役割です。イベントの展示内容や参加者についても生徒が話し合い、決定します。また、招待状やお知らせの作成・配布についても生徒が行うようにします。また、全体の計画をいくつかの部分に分け、各コーナーで分担すれば、企画委員会のようなものが組織できます。生徒と教師が互いに協力すれば「やる気」の出る素晴らしいアイディアが生まれ、記憶に残るイベントが生まれるでしょう。

ステップ6 学んだことを活用する

学んだことを異なる場面や状況に応用するというのは、生徒にとってもっとも難しいスキルです。ある場面ではうまくできたとしても、異なる場面にそれがどのようにつながるのかを見抜く力が不足している場合が多いものです。同じ内容を異なる言葉でとらえている場合もありますし、単に、興味関心と学びを結びつけていないだけというときもありますが、いずれにしても教師は、このような状況を回避するための手助けができます。

情熱をもっている分野でのスキルが、学びにおける自信と成長をもたらすということをモデルで示しましょう。たとえば、プロの教師として成長するために学校内外で行っているあなた自身の取り組みを生徒に話してみるというのはどうでしょうか。学びに関するスキル以外でも、学校で使っているスキルが家庭で役立っている例などについては話せるでしょう。

このような率直な会話をすれば、生徒自身も自分の生活を見つめ直します。こうした会話はクラス全体の時間のなかで起こる場合が多いので、各コーナーに移行する際には、同じ目標をもつ生徒同士でグループをつくって、深いつながりが生まれるように手助けしましょう。

さらに、学習センターでの学びをより充実させるために、保護者や専門職にゲストスピーカーとして教室に来てもらい、彼らの経験、成功事例、失敗談を話してもらうというのもいいでしょう。そのときには、ゲストスピーカーごとにコーナーをつくります。生徒は教室内を自由に動き回りながら、各コーナーのゲストと情報交換や質疑応答を行います。

地域社会の大人をゲストスピーカーとして招けない場合は、ビデオ会議に参加してもらい、その様子を録画し、コーナーを使って共有することもできます。直接のやり取りができないので、フリップグリッドなどのアプリケーションを使って生徒が疑問に思ったことをリストアップし、それをビデオに収録して連絡[14]をとりましょう。もし、技術的な問題がある場合は、自分の話を手紙で紹介してくれた退役軍人に宛てて手紙を書くという方法も考えられます。

---

(14)　任期満了や傷病などで兵役を退いた人のことです。アメリカでは一一月一一日を「退役軍人の日」の祝日として定めており、退役軍人への口述インタビューや体験記、写真、手紙などの収集保存活動や退役軍人とその家族を支援する活動が全国的に行われています。

こうした挑戦を通して、生徒は協力して新しい学びを実行し、問題解決に取り組むという貴重な経験ができますし、それらの経験は、別のコーナーでの活動時に土台ともなります。

課題を乗り越える

学びを生徒の生活に結びつける、極めて当たり前のことのように思われるかもしれませんが、私たちが教えているほとんどのことは生活に結びついていません。では、どうすれば生徒が学びと生活を結びつけ、毎日をより有意義に送る環境が育めるのでしょうか？

おそらく、あなたの近くにも、生徒の興味関心を学びに取り入れる必要はないと考えている教師がいることでしょう。ここでは、そのような反対派の教師たちが大局的な視点に立てるためのヒントを紹介していきます。

生徒には意思決定の力がありません

選ぶというのは難しい作業です。そして教師は、しばしば、生徒にはそのような賢い選択能力はないと考えがちです。しかし、教師の仕事というのはそれを教えることなのです。選択する機会を繰り返し設け、その結果どうなったのかを振り返る時間を一日のうちに何回もつくりだしましょう。

学習センターは、生徒が安心して練習できる環境です。コーナーを選択するとき、生徒は意思決定のプロセスを練習しています。自分のニーズに応じて価値あるコーナーを選択する方法を身につければ、高い集中力を維持しながら授業時間を過ごすようになります。

学習センターで経験した「選ぶ」ことに関する学びは、学校内外でも応用されていきます。たとえば、リーディング・コーナーではどの本、記事、文章を読むか、ライティング・コーナーではどの話題を書くか、リスニング・コーナーでは何を聞くかを選択しますし、それぞれの活動に制限時間を設けるといったことも生徒の選択力の育成にかかわってきます。

学習センターでこのような意思決定をする経験を積めば、日常生活で読むときや書くときにも同様のスキルが使えるようになります。

生徒はまちがった選択をします

ベストとは言えない選択をする可能性は誰にでもあります。そうしたまちがいを通して私たちは学ぶものです。学習センターという方法を使えば、生徒が

生徒が優れた意思決定をしているところを見つけて、教師はすぐにフィードバックを返すようにしましょう。

学び手として、またコミュニティーの一員として成長する姿を後押しできます。次のようなアドバイスやフィードバック、質問をするとよいでしょう。

・そこにいるメンバーと集中して取り組めそうですか？

・これはベストな選択だと思いますか？　なぜ、そう思うのですか？

・もし、このコーナーにいる間に気が散ってしまったら、いかにして集中力を取り戻しますか？

生徒が優れた意思決定をしているところを見つけて、教師はすぐにフィードバックを返すようにしましょう。あるいは、生徒自身が選択を振り返り、もっとよい結果につながる別の方法はなかったかを話し合える場を設けましょう。これは自分を省みる貴重な機会となり、肯定的であれ否定的であれ、自分の選択が結果に結びついていると実感するために必要な活動です。

設定した目標を達成できなかったときこそが、話し合いを通してその理由を考えるチャンスです。どうすればうまくいくのかについて、アイディアを出してもらいましょう。そうすれば、生徒は自らの判断を評価し、自分の失敗から学べるようになります。コーナーにおける小グループ単位での話し合いなら必要とされるメンバーだけが参加すればいいので、残りの生徒たちは自分の活動が続けられます。これが、学習センターの大きな長所です。

生徒には学校外で取り組んでいる活動にアクセスする手段がありません

教室に入るときや廊下を歩いているとき、食堂にいるときなどの生徒たちの話し声に耳を傾けてみてください。生徒は、最新の流行、ゲーム、音楽、街中での出来事についておしゃべりをしています。そして、学習センターの時間やライティングの時間に、最新の流行についての記事を紹介したり、ゲームに関する質問をしたり、ＢＧＭをかけたりするなどして、それらの話題を取り入れてみましょう。

学習センターでの活動中、生徒の提案に基づいた静かな音楽（歌詞のないもの）をかけておけば、適度な騒音レベルが保てますので集中しやすくなりますし、音楽に興味をもつかもしれません。また、コーナーを移動する合図としてその音楽をかけてもよいでしょう。

生徒たちの情熱に関するアンケートや簡単なプロジェクトを実施すれば、彼らの興味関心が分かります。あるいは、週末や放課後などにどのような活動に参加したのかを尋ねる入口チケットを実施します。そして、ここで得られた情報（生徒の興味関心）がいつでも授業にいかせるように、教室に掲示しておきましょう。

学校外で仕事をする時間なんてありません

確かに教師は、学校の内外において、生徒と同じくたくさんの問題を抱えていることでしょう。

リーダーへのヒント

　私たちは地域社会とつながる体験を大切にしており、読者であるあなたにも、このような体験をしてもらいたいと願っています。管理職としてのあなた自身の行動は、一緒に働くすべての同僚の取り組みのレベルを決定するだけの影響力をもっています。まずは、あなたの学校の管理職たちを、学校や地域社会に貢献するチームにしなければなりません。そのためには、あなた自身がそのモデルになる必要があります。

　管理職チームが一つになって地域社会に参画する機会をつくり、教師たちをサポートしてください。PTA 会長、公共図書館、そのほかのコミュニティー団体と連絡をとり、地域社会で開催されるイベントをまとめたカレンダーを作成しましょう。そのカレンダーを学校で共有し、教師が地域社会と学校をつなぐ「親善大使」になる方法をモデルとして示しましょう。

すでに疲れ果てている教師たちに、さらに負担をかけるようなことはしたくありません。仕事をハードにするのではなく、もっと賢く進めて、将来の成長を確実にする機会を教室のなかにつくりだすことに力を注げば、私たちが費やす時間はより大きな成果を生みだすでしょう。

　時間の使い方に意識を向ける、これがもっとも重要なことです。引き受ける仕事に優先順位をつければ、自宅でも効率的に仕事ができますし、生徒にとっても学習センターがより有意義なものになります。

　教員研修の時間に、小グループで構成される学習センターの導入を検討してみてはどうでしょうか。教室で使えるスキルや方法に関する発表者[15]からの話題提供が終わったあとに、研修会場全体ではなく、会話が成立するレベルの各コーナー内でその話題について話し合いましょう。そうすればコーナーの数が増やせますし、新鮮なアイディアで受講者を盛りあげることができます。

それぞれのアイディアを研修会場全体に発表していたら、貴重な時間がとられてしまうでしょう。しかし、同じことを学習センターとして展開すれば、多くのアイディアを同時に紹介することができるのです。

もし、受講者がそれらを理解しているかどうかが心配であれば、明確な指示が書かれた課題シートを配布するとよいでしょう。おそらく、何をすべきかを理解している経験豊富な受講者がリーダーシップをとり、その課題の教師役になってほかの受講者を引っ張ってくれるでしょう。

逆に、そうならない場合には、あなたがグループに介入してミニ・レッスンを実施し、期待されている内容を示せばいいだけです。教師が学習センターのマインドセットを受け入れはじめると、どんどんつながりが形成されていきます。

---

(15) ここでの「発表者」とは、研修会の話題提供者のことです。また、あとに出てくる「受講者」とは研修会に参加している教師を指します。

 ハックが実際に行われている事例

ここでは、ジョセフ・ジョーンズ[16]教育長が、即戦力となる労働者や学び手を育成するために行っている体験実習プログラムの様子を紹介していきます。このプログラムは、学校と地域社会の連携によるものです。

私が携わっている高校の生徒が経験していることをひと言で言い表す言葉があります。

「現場での一時間には、教室の二〇時間分の価値がある」

正確な比率は分かりませんが、実際の仕事に取り組む機会（それは、ある状況のなかでスキルを発揮する機会でもあります）が得られれば、生徒の学びが飛躍的に深まることはまちがいありません。安全装置がなく、プレシャーがかかる状況のなかで、彼らはパフォーマンスを発揮しなければならないのです。現実の状況が予測できないからこそ、生徒は成長するのです。

生徒に必要なのは、教室という快適で管理の行き届いた環境から一度離れ、学んだ知識やスキルが発揮できる場です。協働作業の体験に勝るものはありません。私たちの「キャリア・テクニカル教育（career and technical education＝CTE）」委員会は四つの高校で構成されており、

合計三九種類のキャリア・プログラムを提供しています。通常のＣＴＥ校とは異なり、私たちの高校は学業とスポーツを最大限に提供し、生徒はフルタイム（全日制）で通学しています。

そのシステムの大きな特徴は、複数の選択科目を履修しないということです。生徒は私たちと過ごす四年間で、各自のキャリア領域を一〇単位修得する形で学びの質を最大限まで高めていきます。

高校の新入生である九年生のときに生徒は、興味関心のある職業分野について調べます。そして、学年の終わりまでに分野を選択し、各キャリアの基礎的な要素を学びはじめます。一〇年生と一一年生になると詳細な専門技能を学び、教室のなかでさまざまな実体験をする機会が与えられるため、厳しさも増していきます。たとえば、健康関連のキャリアや電気技術者プログラムの場合、いずれのコースの学習も、より技術的で難易度の高いものになります。

二年半の積極的なＣＴＥを経て、現場に出る準備が整います。協働型の職業体験は、私たちのプログラムの頂点に位置づけられており、通常は八〇〇名以上の生徒たちが職業体験を積みます。このオーセンティックな学び（本物の学び）は、病院、レストラン、製造工場など、大中小さま

(16)　日本の大学で実施されている産学連携プログラムや高大連携プログラムの高校版と言えるでしょう。二五七〜二五八ページの「ステップ３」も参照してください。

ざまな企業や施設で行われています。

ここまでの準備作業は方程式の片方でしかありません。もう一方は、生徒を雇い入れて、技術面とソフト面におけるスキルの成長に極めて重要な役割を果たすことを理解している、地域の優れたビジネス・パートナーとの良好な関係です。

各学校には生徒を必要な職場に送りだすコーディネーターが配置されており、産業界のパートナー企業との連携を図っています。このような関係を通して生徒は、スキルの発揮が求められる実際の現場に身を置くのです。

私たちの協働型職業体験は、主に二つの形態で行っています。一つは、午前中に授業を受け、午後に仕事に行く「半日型職業体験」です。もう一つは、「二週間コース」と呼ぶ新しい形式の進め方ですが、多くの優秀な企業雇用主のおかげでうまくいっています。このプログラムでは、生徒は二週間連続で働き、残りの二週間は学校に通います。このような形態によって、生徒が必要とされる履修条件を満たせるだけでなく、一日中生徒を雇い入れたいという雇用主のニーズを満たします。

通常、この形態は二人の生徒が分担して行っており、一人が働いている間にもう一人は学校に通い、二週間後に交代します。このような配置をしているため、雇用主は働き手となる生徒がいないという状況をつくらずにすんでいます。

教室と仕事の現場を橋渡しするこのプロジェクトは、リアルな体験を提供するだけでなく、高いスキルをもった次世代を育成する触媒の役割も果たしています。ビジネス・パートナーは、学校側が達成したいと考えている内容を理解しており、また最終的には高度に熟達した労働力から利益が得られるため、本当の意味で、教室の延長線上に労働が位置づけられています。

雇用主もこの責任を受け入れており、先に述べた「ステップ６　学んだことを活用する」（二六〇ページ）を達成しようとする生徒と継続的に協力しています。二年以上教室でスキルを磨いてきた生徒にとっても、予測不可能な状況下で「自立して考える」状態に取り組み、学んだことを活用するための時間が必要なのです。

決して簡単な課題ではありませんが、生徒のエイジェンシーを育むための核心がここにあります。生徒には、ユニークな学習機会と、実際に働くことによって学ぶ機会と、仕事を完遂するための方法が用意されています。もっとも重要な点は、生徒が挑戦し、失敗し、その修正機会があるということです。生徒はその過程で努力することを通してクリティカルに考え、上司に返事をするほか[17]、厳しい締め切りを守り、時間どおりに出勤し、そして週の終わりには十分な賃金を得るのです。

---

(17)　ＣＴＥで学ぶ生徒は実際に給料を得ているようです。学校で身につけたスキルを応用するとともに、現場で働きながら学べるリアルな体験と言えます。

学校は、私たちが教えている生徒のためにあるのであって、学習内容のためでも、ましてや教師のためにあるわけでもありません。生徒に喜ばれる学びをつくりたいのであれば、私たちは生徒を意思決定のプロセスに巻きこんで、より適切で目的の伴った意思決定ができる人間に育てていくための方法を見つけなければなりません。よって、学習センターを通して教えるスキルは、生徒の成長や将来の学びをもたらす最善の意思決定に活用されるためにも、学校生活の枠を超えて拡張していく必要があります。

これらをあなたのスペース（学校外も含めて）でどのように実践していくのかについて検討する際には、以下の質問に答えたうえで考えてみてください。

❶クラス全体に共有することで学びがもっと生徒自身のものと感じられるような、彼らの（とくに学校外での）優れた取り組みはありませんか？

❷生徒のセルフ・アドヴォカシー（一五五ページの注参照）を育てるために、振り返りをどのように活用しますか？

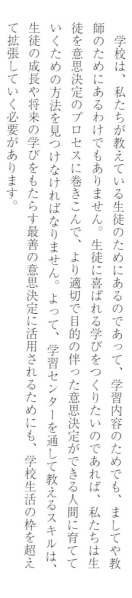

❸あなたは、セルフ・アドヴォカシーのスキルを積極的に教えていますか？　また、これからどのように教えられそうですか？

学習センターは、生徒の協働性、意思決定、コミュニケーション、アドヴォカシーなどのソフト・スキルを伸ばす場所として非常に効果的です。学習センターを使えば、生徒は学習プロセスの創造に参画できますし、スキルの応用が高いレベルで起こります。その結果、生徒は自信をもち、現在から将来にわたる地域社会のメンバーの一員として活躍できるのです。

結論　未来は生徒たちの手のなかにある

近代的なイノベーションは、長い時間をかけて、社会を予測不可能なものへと駆りたててきました。産業革命以降、残念ながらアメリカの学校制度は社会変化のペースについていけていません。そのような状況のなかで学校は今、生徒を引きつけるだけでなく、予測不可能な未来に備えられる新しい方法を見つけだすことに追い立てられ、混乱しています。

教育システムは、私たちが望んでいるほど素早く変化するものではありません。組織の状態を適切に維持・発展させていくというのが、すべての教師、校長、教育委員会の使命です。今後の変化に備えて、教師と生徒のサポートができる学びの仕組みづくりのために、すべての利害関係者やコミュニティーを巻きこんでいく必要があります。それは、さまざまな内容領域に対応する学習センターという環境でこそ実現できます。

ああでもない、こうでもないともがきながら、協力して取り組めるだけの十分な時間をつくることは、生徒の現在および将来の学びにとって効果的であり、彼ら自身にはもちろん、コミュニティーにも利益をもたらします。生徒は、学校生活をどのように送り、そこでの学びを放課後や卒業後の人生にどのようにいかすのかについて理解する必要があります。

学習センターでは、生徒が活動にオウナーシップをもって、より深い理解と認識を得るための学び方を身につけていきます。普段はあまり接することのない内容領域のなかで自らの興味関心について探究する機会を数多く設ければ、たとえ「数学の研究者」や「作家」という意識がなかったとしても、そのスキルや内容をうまく利用すれば自分の生活に価値が生まれるという事実を体得していくのです。

世界は、個別化の度合いをますます強めています。コーヒーを注文する方法にしても、アプリを使って服を買う方法にしても、生活のあらゆる面にわたって、私たち一人ひとりにとってもっとも意味のある方法でかかわれます。将来、生徒が何を専門にしたいのかについて本格的に考えはじめる学校という場所、とりわけ中学校や高校において、それをしないという理由はないでしょう。学習センターには、そのすべてがあるのです。

さまざまな振り返り、自己評価、学習方法を学校生活に取り入れれば、生徒はより効果的な思考、問題解決、問題発見ができるようになります。さらに、より良い協力者やチームメイトとなるうえで大切な感情と社会性（ＳＥＬ）のスキルが身につくようにサポートすれば、本当の意味において、これから歩んでいく世界に向けての準備ができます。

学習センターへの移行を構造的に進めるためのシステムはまだ整備されていません。しかし、教師が行っていることを小さなパーツに分解して観察し、より大局的な見地から熟考すれば、今教師が教えているスキルとこれからの学校（のカリキュラムや授業）に期待されていることを意識的に結びつけられるはずです。たとえば、「ジャーナリズム」のような科目はしばしばクラブ活動や選択科目に「格下げ」される場合がありますが、学習センターでは、取り組む活動がスキルに応じて構造化されていますので、生徒は自分なりのやり方で学ぶことができます。

学習センターには、新聞から年鑑に至るまで多様な記事が準備されています。生徒が「編集者」となって、クラスメイトのために活動の進捗状況を確認したり、学びを促進するためのリーダーを務めます。彼らは、本物の聴衆や読者が見たり読んだりする、本物の「商品」を開発します。このような方法を使えば、ニュースルームを学習センターとして運営できますし、生物学の研究室や心理学の教室も学習センターとして機能するでしょう。

世界は変化を続けており、もっとも年少の生徒が社会人になるころには利用可能なスキルや仕事の種類が現在とは違ったものになる、という考え方については誰も異論はないでしょう。私たちは、目的を明確なものにし、自分たちの意思決定をこの大きなビジョンに一致させなければなりません。その恩恵を受けるべき存在が生徒なのです。

これらすべてを実現するために、教育委員会、学校建築、そして教育課程の責任者は、生徒の指導にあたっている教師をサポートするためにさまざまな役割を果たさなければなりません。私たちが本当の意味で模範を示したいのであれば、生徒に願っているものと同じ選択肢と発言権を教師に与えるべきです。教師との信頼関係があれば、生徒だけでなく大人の成長マインドセットも育っていくのです。

協働、マインドフルネス（一九三ページの注参照）、振り返りを学びに組みこむために、自分たちの行動はどのように変えられるでしょうか？　次のように問いかけてみましょう。

❶あなたの学校では、教師用の学習センターはどこに設置できそうですか？(1)
❷どうすれば、学習センターが教師たちの情熱と調和したものになりますか？
❸エドキャンプ（一一三ページの注参照）のような教員研修プログラムに参加した場合、その種の活動を教室で実践するという文化はどのように促進できるでしょうか？

現在の教育方法を捨ててゼロからはじめることはできないでしょうが、現在の状況を把握し、誰もが目標に向かって前進できるような個別化されたスペースはつくりだせるはずです。すべての決断は私たちにかかっています。

（1）教師用の学習センターが唐突に出てきたように感じますが、生徒とつくる前にまずは教師自身が実践してほしいというメッセージなのでしょう。なお、教員研修にセンターを取り入れる方法については二六六～二六七ページに書かれています。

訳者から読者へのメッセージ

読者の一人として本書を読み終えると、学習センターの設置を楽しみながら試行錯誤している教師の姿や、オウナーシップをもって学んでいる生徒の様子が想像され、ワクワクしました。頭の中に、教師と生徒が空間をともにしながらカリキュラムを共創する姿が描きだされており、まるでその現場を実際に見ているかのように感じたのです。それほどまでイメージできる学習センターが、なぜ日本ではほとんど紹介されてこなかったのでしょうか。

やはり、教科書ベースの一斉授業があまりにも多いのでしょう。また、そのことに疑問を抱く人が少ないという現実もあるでしょう。さらに、教科担任ごとに専用の教室が割り当てられているわけではないので、教室のレイアウト変更といった工夫もなかなかできません。どうやら、日本の学校教育は学習センターの教え方とは相性がよくないようです。

また、大学での教え方と学び方にも問題がありそうです。現在、私は大学の教育学部において、幼児期におけることばの保育と、小学校、中学校、高等学校の国語科教育法に関する講義科目を担当しています。講義のなかでは実践事例の紹介や模擬授業の指導などを行っていますが、その際に陥りがちなのは、学校教員の基本はあくまで一斉授業ができるようになることであって、小グループ学習や学びの個別化はその補助手段である、という思いこみです。要するに、「発問応答型や例題解説型の授業ができれば一人前」という考え方がどこの大学でも根強いのです。

このような考え方をいかにして脱していくのか。現職教師だけでなく、教員養成に携わっている人たちも考えなければならない重大な問題です。

さらにいうと、幼小連携という発想に乏しいことが挙げられます。幼児教育に造詣の深い人であれば、本書を読んだ際、学習センターと保育計画の考え方との間に存在する「親和性の高さ」に気づいたことでしょう。保育の現場では、同じ活動（遊び）をしても同じ経験が得られる（同じねらいを達成できる）わけではないという考え方が大切にされています。すべての子どもがこのような経験をしてきたにもかかわらず、この考え方が小学校以降の教育にいかされていないのです。すべての教育関係者が、幼児教育の現場から、小学校以降の教室に学習センターを設置するためのヒントを学び取らなければなりません。

本書を翻訳した目的は、一斉授業がもつ問題点を多くの人に理解してもらうとともに、そのオルタナティブとなる学習センターの教え方を紹介し、これからの時代を生きてゆく生徒たちにふさわしい学習方法の一つとして、日本の学校教育に取り入れてもらうことです。

原書のタイトル『*Hacking Learning Centers In Grades 6-12.*』を直訳すると「学習センターをハックする（修理する／改善する）」となりますが、日本には学習センターの歴史がほぼありませんので、そもそもハックのしようがありません。それでは、日本の読者が本書から受け取るべきメッセージは何でしょうか。それは、「日本の教室空間＝授業の発想を規定し、一斉授業を導きやすくしてしまっている構造を考え直そう」ということになります。

私たち教育者ができるのは、学習センターの教え方が学校に浸透している未来を目指して、まずは一斉授業を一つでも少なくするように努力することです。これが本書のタイトルを『一斉授業をハックする』とした理由です。本書を読まれてお分かりのように、注目すべきポイントは数多くあるわけですが、ここでは二つに絞って私なりに再掲させていただきます。

まずは、学習センターの基盤にある、カリキュラムと学習環境をつなぐ発想に注目します。日本の学校教育では、カリキュラムを表すのに教科書教材の「時間的な配列」を用いる場合がほとんどですが、学習センターの教え方では、各コーナーの「空間的な配置」によってカリキュラムを表しています。

日本における国語の授業で例示してみましょう。

四月と五月の高校一年生の授業では、『羅生門』（芥川龍之介の小説）、『水の東西』（山崎正和の評論）、『絵仏師良秀』（宇治拾遺物語・古文）、『助長』（孟子・漢文）を一斉授業で順に教え、これらを試験範囲として定期試験を行うというのが一般的です（教材はあくまで例です）。同じ教材を学習センターで教えるとすればどうなるでしょうか。そのプランを想像してみましょう。

四月と五月の期間中、教室内に「羅生門コーナー」、「水の東西コーナー」、「絵仏師良秀コーナー」、「助長コーナー」の四つが設置されます。これらに、「漢字コーナー」や「古典文法コーナー」を加えることもできるでしょうし、たまってしまった課題を終わらせるための「埋めあわせコーナー」（九九ページ参照）を設けてもいいでしょう。

生徒たちは、興味関心、必要性、教師の助言をもとにしてこれらのコーナーを回っていくことになります。すでに本書を読了されている人であれば、それぞれのコーナーで、各テーマに関して得意としている生徒がそうでない生徒に向けてアドバイスをしている様子が浮かんでくることでしょう。簡単にイメージしましたが、各コーナーで取り組む学習を練りあげてローテーションの工夫などをすれば、想像以上の光景が見られるかもしれません。

文部科学省が公表した『「新しい時代の学びを実現する学校施設の在り方について」最終報告』（二〇二二年三月）においては、可変性に富んだ学びのスペースの創造などが提言されましたが、学習センターはまさにこの提言を先取りした学習の仕組みであると言えます。この報告をふまえるのであれば、一つ一つの教材や指導事項を一時間の授業ごとに並べるという発想から、一つの教室のなかで同時に併置するという発想に切り替える必要があります。生徒が学んでいる「スペース（空間）」に焦点を当てて、学校教育のあり方を再考したいものです。

もう一つ注目したいのは、学習センターでの学びを通して身につけられる「セルフ・アドヴォカシー」と呼ばれる概念です（一五五ページの注参照）。学習センターでの教え方は、一斉授業のなかで行われる小グループ学習とは大きく異なっており、それがセルフ・アドヴォカシーの育成を可能にしています。その特徴とは次のようなものです。

・各グループは、別々の指導事項（学習目標）に焦点を当てている。
・基本的に、生徒が学びたいグループを自分で選択している。
・各グループの学習が一つの教室内で同時に進行している。
・各グループの学習（グループ内の個人の学習）では自立性が重視されている。

学習センターでは、どのコーナーを選択するのか、そう判断した理由は何かと考えながら学習に取り組み、コーナーの選択は適切だったのか、次はどのコーナーで学ぶかを振り返るというサイクルが繰り返されるため、「どのコーナーでどのように学べば、自分の目標がより達成できるのか」について考える機会が常に生まれます。これによって、生徒の自己学習力が高まるだけでなく、自己理解や他者理解が深まり、お互いの学び方を認めあって協力する姿勢が育まれるのです。

これは、一般的な小グループ学習では生じにくい効果でしょう。セルフ・アドヴォカシーは、今後「エイジェンシー」や「アカウンタビリティー」（結果責任）とともに、生徒の「学びに向かう力」をとらえるための大切なキーワードになると私は考えています。

「学校は今、生徒を引きつけるだけでなく、予測不可能な未来に備えられる新しい方法を見つけだすことに追い立てられ、混乱しています」（二七四ページ）と本文に書かれていましたが、日本も同じです。本書が日本の読者にもたらす恩恵は、アメリカの読者以上に大きいと言えます。本書が多くの学校教育関係者、地域の方々や保護者のもとに届き、一斉授業の問題点や学習センターの可能性をめぐって活発な議論が行われ、実際に実践される日が訪れることを願っています。

二〇二二年　一一月

竜田　徹

訳者紹介

古賀洋一（こが・よういち）

島根県立大学で国語教育を教えています。ノンフィクションの読みの授業や、学校司書とのコラボレーションによる授業づくりについて研究しています。本書と出合って、「目からうろこが落ちる」思いでした。大学での実践と研究に早速活かしていきます！

竜田徹（たった・とおる）

佐賀大学教育学部准教授。ことば・文学・読書の学びの理念を探究中。小論「国語教室における学びの個別化に関する基礎的検討」（日本国語教育学会『月刊国語教育研究』第550号、2018年）では学習センターの可能性を論じました。趣味は風景写真とパン作り。

吉田新一郎（よしだ・しんいちろう）

学習センターは長年紹介したかったのですが、対象が小学校中学年以下のものばかりで躊躇していました。本書は中高まで（大学や社会教育も！）視野に入っているので、自信をもって紹介できます。実践記録や質問等は、pro.workshop@gmail.com宛にお願いします。

一斉授業をハックする
——学校と社会をつなぐ「学習センター」を教室につくる——

2022年12月25日　初版第１刷発行

訳者　古賀洋一
　　　竜田徹
　　　吉田新一郎

発行者　武市一幸

発行所　株式会社　新評論

〒169-0051
東京都新宿区西早稲田３-16-28
http://www.shinhyoron.co.jp

電話　03(3202)7391
FAX　03(3202)5832
振替・00160-1-113487

落丁・乱丁はお取り替えします。
定価はカバーに表示してあります。

印刷　フォレスト
装丁　山田英春
製本　中永製本所

Printed in Japan
ISBN978-4-7948-1226-1